意 志 與 自 由
——康德道德哲學研究

盧雪崑著

文 史 哲 學 集 成
文史哲出版社印行

國家圖書館出版品預行編目資料

意志與自由：康德道德哲學研究 / 盧雪崑著. --
初版. -- 臺北市 ：文史哲，民 86
　　面 ； 公分. --（文史哲學集成 ；375）
參考書目：面
ISBN 957-549-047-9 (平裝)

1. 康德（Kant, Immanuel, 1724-1804）- 學術思
想 - 哲學

147.45　　　　　　　　　　　　　85014323

文史哲學集成 ㊟

意志與自由——康德道德哲學研究

著　　者：盧　　　雪　　　崑
出版者：文　史　哲　出　版　社
登記證字號：行政院新聞局局版臺業字五三三七號
發行人：彭　　　正　　　雄
發行所：文　史　哲　出　版　社
印刷者：文　史　哲　出　版　社
臺北市羅斯福路一段七十二巷四號
郵撥〇五一二八八一二　彭正雄帳戶
電話：（〇二）三五一一〇二八

實價新台幣三二〇元

中華民國八十六年四月初版

意 志 與 自 由
——康德道德哲學研究

目　　錄

本書引用有關著作縮寫表

Kant: "Schriften Zur Ethik and Religions Philosophie" (Insel-Verlag Zweigstelle Wiesbaden 1956, Enβ in-Druck Reutlingen Printed in Germany).
簡寫：S，例：第一頁寫作 S1

kant: "Fundamental Principles of the Metaphysic of Morals"(Translated by Thomas K. Abbott, Reprinted, 1955). 簡寫：AA

Kant: "The Moral Law — kant's Groundwork of The Metaphysic of Morals"(Translated and analysed by H. J. Paton, First published 1948). 簡寫：PP

Kant: "Critique of Practical Reason"(Translated by Lewis White Beck, Third Edition, 1993). 簡寫：BB

Kant: "The Metaphysics of Morals" (Translated by Mary Gregor, Cambridge University Press,First published 1991). 簡寫：M

Kant: "Religion within the Limits of Reason Alone" (Translated by M.Greene and H.Hudson. First Harper Torchbook edition published 1960). 簡寫：GH

牟宗三譯註：《康德的道德哲學》（民國71年臺北市臺灣學生書局印行，民國72年十月再版），簡寫：「康」。

牟宗三著：《圓善論》（臺北市臺灣學生書局印行，民國74年七月初版），簡寫：「圓」。

上篇　康德的意志學說

第一章　緒　論

　　體會康德的整體觀點是一件艱難的工作。

　　康德不採用首先建立命題的方式，甚至不喜爲一個概念預先作出限定的定義❶。他向讀者一步一步展開他的探索過程，經歷不同層面與觀點的考量，越過那通俗的經驗的概念設下的障礙，最後歸到一新的決定性的概念——先驗的概念，亦即理性的概念。除非鍥而不捨地跟隨康德走過系統的全過程，否則沒有人能說了解康德，那怕是把握一個論旨，甚或只是體會一個概念也是辦不到的。故此，康德告誡他的讀者：

　　　　當我們要去研究人類心靈底特殊機能之根源，內容，與限
　　　　度時，則就人類知識底本性而言，我們必須起始於知識之
　　　　部分，對於這些部分作一準確而完整的解釋；所謂完整者
　　　　即是只要當這完整在我們對於知識底成素之知識之現有狀
　　　　態中是可能的者。但是復有另一種事須要被顧及，此另一
　　　　種事是更爲具有一哲學的性格與建構的性格，此即是正確
　　　　地去把握「整全之理念」，并進而由此把握，復以純粹理
　　　　性之助，以及因著「部分之從『整全之概念』而引生出」這
　　　　種引生，去觀看那一切部分爲相互地關聯者。此只有通過
　　　　對於系統之最親切的熟習才是可能的；而那些人，即「他
　　　　們覺得那第一步研究太爲麻煩（艱苦），并且他們並不認

爲要去達到這樣一種熟習值得他們之如此之費力」，這樣的人們是不能達到第二階段的，即是說，是不能達到通觀的，此通觀是一綜和的轉回，即「轉回到那事前已分析地被給予的東西」之綜和的轉回。因此，如果他們覺得到處不一致，這是無足驚異的，雖然這些不一致所指示的間隙(罅縫)並不在系統本身，但只在他們自己的不通貫的思想線索。❷

康德的告誡并非多餘。事實上，自康德批判哲學面世以來，「到處不一致」一類的怨言一直不絕於耳。其中，「意志」一詞引發的爭議尤爲廣泛持久。

康德經由《道德底形上學之基本原則》（以下簡稱《原則》，一七八五年出版）、《實踐理性底批判》（一七八八年出版）、《道德底形上學》（一七九七年出版）、《單在理性範圍內之宗教》（以下簡稱《宗教》，一七九三年出版）建構起其獨特的道德哲學體系，意志概念作爲這個系統之基石，與體系本身同樣富原創性，它在系統發展的全過程中展示自己。事實上，吾人需要把握的是康德關於意志的縱橫連屬、整體通貫的思考，而並不必要急於尋求一個對於意志的限定的定義。

依康德之見，道德哲學必須建立在純粹理性的原則上。康德說：

如果除了那獨立不依於一切經驗而只基於純粹理性上的原則以外，便無眞正的最高道德原則之可言，則我想連下列一問題也是不必要的，即：如果我們的知識要與流俗的知識區別開，而且可被名曰哲學的知識，則如「這些概念連同屬於這些概念的原則一起皆是先驗地被建立」那樣而一

般地(即抽象地)去展示這些概念,這樣地去展示之,這是否爲好,這問題也不是必要的。不過,在我們這個時代,實在說來,這個問題或許還是必要的;因爲如果我們收集起選票看一看,是那與每一是經驗的東西區別開的純粹理性知識,即是說,道德底形上學,被贊成,抑或是那通俗的實踐哲學被贊成,則那一邊佔優勢,這是很容易去猜測的。

如果「上昇到純粹理性底原則」這工作已先開始而且已經滿意地被完成,則這種下降即下降於通俗的概念之下降自是極可稱許的。這函著說我們首先把道德學建基於形上學上,當它已堅固地被建立起時,然後我們再因給它一通俗性而爲它取得一爲人傾聽或表白之機會,好爲大家所接受。❸

《原則》一書的任務就是要完成「上昇到純粹理性底原則」這工作。它建立的道德最高原則(即一切義務的最高原則)連同與這些原則相關的意志之概念皆是先驗的,只在理性中有其根源。在《原則》一書中,康德嚴格地將經驗的意志及經驗的實踐原則與先驗的意志概念及先驗的實踐原則區別開,把只是經驗的,屬於心理學、人類學觀點說的意志排除出純粹的道德哲學之外。這無疑是康德對道德哲學的一次革新,康德稱之爲「全然不同的考論」。❹

J.Silber批評康德在《原則》一書中經由對一切理性存有爲有效的假設以定義「意志」❺,因而沒有爲把欲望帶進意志留一餘地,也沒有爲對抗法則的意志機能留一餘地。❻看來,Silber忽略了康德爲《原則》一書所定的任務,或者,他不能接受康德

提出的道德哲學必須以意志底先驗原則爲基礎的見解，而這一見解正是康德的洞見。事實上，普通的讀者也可以在《原則》一書中發見康德一再聲明：爲了建立哲學的知識而與流俗的知識區別開，概念連同屬於這些概念的原則一起皆必須首先先驗地被建立起。

《原則》一書考論道德(Moralität)，而非考論德行(Sitten)。即是說，它不是考論人類存有所有的義務之分類，相反，它以世人皆有知於「義務是甚麼」作前題而探究其先驗根據，這工作考察的是純粹意志，而用不著對於人性有特殊的涉及。這一點，康德在《原則》一書序言中已清楚表明。康德說：

> 正因爲它(窩爾夫書)要成爲一個一般的實踐哲學，所以它不曾考慮任何特種的意志——例如說，一個「必須沒有任何經驗動機而只完全依先驗原則而被決定，而且我們可以名之曰純粹意志」的意志，它所考論的但只是決意一般，連同著屬於這種一般意義的決意的一切行動與條件。由於這一點，它不同於一道德底形上學，這恰如「討論一般思想底活動與規範」的一般邏輯之不同於「討論純粹思想(即其認識完全是先驗的那種思想)之特種活動與規範」的超越哲學一樣。〔何以是如此？這是〕因爲道德底形上學是要去考察「一可能的純粹意志」之理念與原則，而並不是要去考察一般說的人類作意底諸活動與諸條件，些諸活動與諸條件大部分實是從心理學抽引出者。❼

康德早已在《原則》一書中勾劃出其道德哲學體系的三個主要任務：第一，考察純粹意志之理念與原則，以建立道德的最高原則。這是《原則》完成的工作。第二，經由實踐理性之批判以

考察《原則》一書建立的先驗原則及其根源，由之證明純粹實踐理性底綜和使用之可能性。這工作由《實踐理性底批判》一書完成。 第三，賦予先驗原則以內容 ， 由之建立人類義務的整個系統。這工作屬於《道德底形上學》一書。

在《實踐理性底批判》一書的《引言》中，康德提到：科學性的實踐的系統必須以意欲機能的先驗原則，及其使用條件、範圍、限度之決定為基礎。康德說：

> 心靈底兩種機能(認知機能與意欲機能)之先驗原則將會被發見，而關於這些先驗原則底使用之條件，範圍，與限度亦將會被決定。這樣，一種穩固的基礎便可為一科學性的(學問性的)哲學系統，即理論的(知解的)系統與實踐的系統這兩者，而置下。❽

意欲機能的先驗原則已由《原則》一書決定，《實踐理性底批判》進而考察這先驗原則底使用之條件、範圍與限度。康德稱：實踐理性之系統實預設了《道德底形上學之基本原則》一書的，但只當該書對於義務之原則指派給一確定之程式時始能預設之。❾

在《實踐理性底批判》中，康德不但有事於意志，並且要去考論理性，只在其關聯於意志以及此意志之因果性中考論之。❿在這個考論中，康德使用了三個重要詞項：實踐理性(praktischen-Vernunft)、意志(Wille)、決意(Willkür)。這三個詞項的運用游刃於感取界的觀點與睿智界的觀點兩個異質異層的領域之間，若忽略康德創立的兩個觀點的見解，難免埋怨康德混淆、不一致。事實上，康德早已經在《原則》一書中為其兩個觀點的見解奠定了根據。康德說：

> 一個理性的存有必須當作一睿智體（因而並非從他的較低

機能一面）認其自己爲屬於知性界(智思界)而不屬於感觸界(感取界)者；因此，他有兩個觀點由之以看其自己，並由之以認知其機能底運用之法則，因而結果也就是由之以認知一切他的活動之法則：第一觀點，就他屬於感取界而言，他見其自己服從自然法則(他律)；第二觀點，由於屬於智思界，他又見其自己受制於這樣一些法則，即這些法則由於獨立不依於自然，故並非於經驗中有其基礎，但只是於理性中有其基礎。⓫

　　關於康德論意志的學術研究所以意義分歧，關鍵在於研究者往往將康德從兩個異質的觀點所作的陳述混淆，或者將康德陳述一個詞項的經驗命題與該詞項的理性概念混淆，並輕率地使這些混淆歸咎於康德。此外，研究者過份快捷地把意志劃歸智思界，而意念一詞劃歸感取界，將意念與意志的區分簡單地等同現象與物自身的區分。如此一來，他們難免要批評「『意志』的概念在康德的著作中表現得頗不一致」。⓬

　　爲著避免混淆，本文首先以圖表標出康德論意志的基本架構：

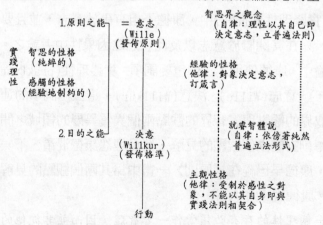

圖中，圓點線表示高級欲望機能的活動，虛線表示低級欲望機能（感性地被決定的欲望機能）的活動。康德表明：只當理性以其自己即決定意志（不是性好之僕人）時，理性才眞實是一較高級的欲望機能（那感性地被決定的欲望機能是隸屬於此較高級的欲望機能者），而且理性才眞實地，甚至特異地（在種類上）爲不同於那感性地被決定的欲望機能者。❸按照康德兩個觀點的說法，高級欲望機能活動屬於理性存有之超感觸的自然系統，低級欲望機能活動屬於感觸的自然系統，而道德法則是要把超感觸的自然系統之形式(智思界之形式)給與於感觸的自然系統（感取界）。康德說：

> 道德法則就是一「超感觸的自然」之基本法則，並且是一純粹的知性世界(智思世界)之基本法則，其所有的對方必須存在於感取世界，但卻並沒有干擾及此感取世界之法則。我們可以叫前者曰基型世界（archetypal world, natura archetypa），我們知此基型世界只在理性中知之；而後者則可名曰副本世界(ectypal world，natura ectypa)，因爲它含有前者底理念之「可能的結果」，前者底理念即是意志之決定原則。事實上，道德法則是理想地把我們轉運於一系統中。❹

依康德之見，道德哲學的首要任務並非回答「人應該做甚麼？」而是要探求人作爲有道德創造能力之理性存有，即作爲睿智體看，其道德創造機能之特性，即是說，要解答「人之爲人之人格性是甚麼？」這一步工作是整個人類義務之系統的奠基石。由是觀之，《原則》與《實踐理性底批判》二書在康德的道德哲學體系中占首要位置，實在毋庸置疑。盡管此二書只爲康德的道

德哲學體系奠定基礎，而並未在其上建築系統，然而，這基礎已指示出邪系統必須藉著賦予由此基礎決定的先驗原則以內容來建立。這賦予先驗原則以內容的工作留給晚後出版的《道德底形上學》。

在意志的先驗原則之基礎上建構人類義務的整個系統，這一步工作是康德所謂「綜和地轉回」到原則之被應用，它必須關涉到行動。了解到《道德底形上學》與《原則》二書論旨之區分，研究者當不致於質疑康德：何以「決意」(Willkür)一詞在《道德底形上學》中擔當重要角色，而《原則》一書卻忽略它的作用。❻實在說來，《原則》、《實踐理性底批判》、《道德底形上學》三部著作是康德早已規劃好的通貫連屬的整體，研究者任意抽出一部份而妄下斷語，必損害康德的道德哲學。事實上，康德在《原則》一書《序》中已表明：在《原則》一書之後，還要從事純粹實踐理性之批判的考察，此後才出版《道德底形上學》。康德如是說：

> 在想此後要出版一《道德底形上學》之前，我先提出這些「基本原則」來。〔意即我先印發「道德底形上學之基本原則(基礎)」這書〕。實在恰當地說來，除「純粹實踐理性之批判的考察」以外，亦並無其他的基礎可言……因為道德底形上學，不管此題稱之不動人，總尚可能以通俗方式出之，且亦可適宜於普通的理解，所以我覺得把這部討論它的基本原則的「先導論文」與它(道德底形上學)分別開，乃是有用的，因為這樣，我以後可不須引進這些必要地精微的討論於一部較單純性的書中。❼

此外，《宗教》一書在探究人類之基本惡方面的貢獻，令其

成為研究康德道德哲學不可缺少的一部著作。《宗教》一書的出版在《道德底形上學》之先，而在《原則》及《實踐理性底批判》之後，它在《原則》與《實踐理性底批判》二書奠定的基礎上討論人類之惡的問題。在探究惡的性質、根源，以及根絕惡的可能性的過程中，康德對意志作出最複雜最系統的考量而達致辯證統一的理解。❶

康德專用語翻譯問題

康德在他的批判哲學中使用一些新的語匯，因而不時受到一些評論家的指責。康德不止一次表明無懼於如此一種譴責——指他在帶通常性的知識的討論中引出新語言，以及為已被接受的概念制造新詞的譴責。❶他所以使用新術語，是因為它們不能為習慣性的原有的術語代替。那些通俗的術語雖然到處被使用以掩蓋其思想的貧乏低劣，卻完全不能相配於恰當的領域。❶

無疑，康德的新術語與其批判哲學的原創性相關，而倣效者對於這些新術語的誤解往往對批判哲學造成嚴重的損害。在康德哲學的學術研究中，意志及決意兩詞項之意義分歧便一直破壞康德道德體系的嚴整性。研究者對意志及決意兩詞項的詮釋時常帶上主觀隨意性，這主觀隨意性帶入康德著作的翻譯工作中，引致更廣泛的混淆與誤用。譬如，英譯者依個人想法將 Willkür 譯作 will 的情況時而有之，此舉徒增添學者體會康德原義之困難。

Willkür 一詞在康德道德哲學中占重要位置，然在諸種英譯本中得不到劃一的譯名，甚至同一譯者在康德的諸種著作的翻譯中所採用的譯名也先後不一致。在《原則》一書中，康德兩次

使用 Willkür, Abbott 譯本分別譯作 "freedom of action" ❷及 "involuntarily"。❸Abbott此譯致使康德在《原則》一書中使用 Willkür的原義失去,經Abbott的英譯而翻譯作中文,讀者當然不能從中譯本中捉到Willkür的影子。《原則》一書這兩處Willkür, Paton譯作"choice",此譯較 Abbott 譯有改進。但是,choice仍然不能恰切地相稱地全盡Willkür的函義。

此後,在《實踐理性底批判》的英譯本中,Paton一貫地以 choice譯Willkür。Abbott則譯 Willkür 作"elective will",譯 wille作"will"或"rational will"。

M. Greene與H. Hudson合譯《宗教》一書,在第一版本中, Willkür一詞採用了四種英譯:"choice"、"power of choice"、 "will"、"volition"。該書再版之時,John R. Silber為此英譯 第二版本寫了一篇推介,題為 "The Ethical Significance of Kant's Religion",並作了序。R. Silber 在序言中表示徵得 Greene同意,承認第一版本對 Willkür 一詞作多變的翻譯會誤導 讀者。Silber提出要正確把握康德論意志的理論惟賴小心地區分 Wille 與 Willkür 的使用,因而準確地知道康德原著中何處使用 Will何處使用 Willkür 絕對必要的。為此,在《宗教》一書英譯 第二版本中,一律以will譯Wille,而以will^{w}譯Willkür。此實 乃研究者所應取的審慎態度。

為探求康德使用"Wille"、"Willkür"二詞項的真旨實義,本 文於有關的引文(中譯)加註,在註中引錄德文原文並附上英譯, 以供對照。為劃一Wille、Willkür、Wollen三詞的中譯,本文對 照德文本一律以「意志」譯"Wille",以「決意」譯"Willkür", 以「作意」譯"Wollen"。又,中譯凡有牟師宗三先生譯本者,援

用牟師譯，無中譯本者爲自譯。參照牟師中譯處有與本文所劃一的譯名不同者逕改之，不另作說明。

【註釋】

❶某評論家批評康德：「善底概念未曾在道德原則以前被建立」，康德在《實踐理性底批判》的序言中表示：這個問題在本書分析部底第二章給與了一充分的答覆。在該處康德進而加底註：「我不曾首先規定『意欲機能』之概念，或『快樂之感』之概念，這亦可以引起反對，雖然這反對(譴責)是不公平的，因爲這些概念之界定可以很有理由地當作給與心理學中者而被預設了的。可是給與于心理學中的定義可以是這樣形成的，即如去把意欲機能之決定基于快樂之感上(如一般人所作的)那樣形成的，而這樣，則實踐哲學之最高原則必被弄成是經驗的，但是這一點(即成爲經驗的)是有待于證明的，而在本批判中，這是全然被拒絕了的。」　　康135；S113

❷康136；S114–115

❸康37；S37

❹康13；S16

❺GH 1xxxiv

❻GH 1xxxii

❼康11；S14

❽康139；S116

❾康134；S112–113

❿康146；S121

⓫康103；S88

⓬見鄺芷人著《康德倫理學原理》，第三頁，臺北文津出版社，民國81年9月初版。

⑬康158；S132-133

⑭康186；S157

⑮鄺芷人先生指康德「在《道德形上學的基本原理》裏只採用『Wille』一字」，此說不準確。見鄺先生著《康德倫理學原理》，第九十四頁。

⑯康12-13；S16

⑰參見John R. Silber:"The Ethical Significance of Kant's Religion" GH lx

⑱康137；S115-116

⑲Kant said: "As far as the spirit of the critical philosophy is concerned, the least-important consideration is the mischief that certain imitators of it have made by using some of its terms, which in the Critique of Pure Reason itself cannot well be replaced by more customary words, outside the Critique in public exchange of thoughts. This certainly deserves to be condemned, although in condemning it Nicolai reserves judgment as to whether such terms can be entirely dispensed with in their own proper field, as though they were used everywhere merely to hide poverty of thought."　　M37-38；S313

⑳A45；S60

㉑A67；S86

第二章　引言——康德的「兩個觀點」說

2.1　感取界與智思界之區分

　　康德道德哲學的基礎工作乃實踐理性之批判的考察，這考察工作重視的是實踐理性機能之分解，而並非概念之分析，意志的意義則在實踐理性機能之分解進程中隨文點示。吾人欲澄清康德學術研究中關於「意志」一詞之意義分歧，必須遵循康德的分解進路。惟有通過康德建構的實踐理性機能的整體通貫的綱絡，方可望全盡康德言「意志」之意義。因此之故，本文不首先討論康德對意志底概念之規定，而在意志概念之發展前首先探究康德在考察實踐理性機能中使用的兩個觀點的思路。

　　康德就人（理性存有）的感取界身份說受經驗制約的實踐理性，與此關聯的是意志底經驗性格；就人(理性存有)的睿智界身份說純粹的實踐理性，與此關聯的是意志底理念。依康德之見，人的這兩重身份並非對立、割離的，而是異層綜和的。在《實踐理性底批判》一書中，康德說：

　　　一個自然之系統，自其最一般的意義而言之，即是法則
　　下的事物之存在。「理性存有一般」之感觸的自然就是此
　　諸存有之存在是處於經驗地制約的法則之下的存在，此種
　　存在，從理性底觀點觀之，就是他律。另一方面，理性

存有之超感觸的自然就是此諸存有之存在是依照那「獨立
不依於任何經驗制約，因而也就是屬於純粹理性之自律」
的法則而有的存在。而因爲這些法則是實踐的（因著這些
法則，事物底存在依靠認知），是故超感觸的自然，當
我們對之形成任何概念時，它不過就是處於純粹實踐理性
底自律下的自然之系統。……我們可以叫前者曰基型世界
（archetypal world, natura archetypa），我們知此基型
世界只在理性中知之；而後者則可名曰副本世界（ectypal
world, natura ectypa），因爲它含有前者底理念之「可
能的結果」，前者底理念即是意志之決定原則。❶

其實，早在《純粹理性之批判》一書，康德已經提出「兩個
觀點」的見解。他在〈第三背反之解決〉一節中說：

如果一個「在感觸世界中必須被看成是現象」的那存有它
在其自身中有這麼一種能力，即此能力不是感觸直覺底一
個對象，但是通過此能力，該存有可以成爲現象底原因，
如是，則此存有之「因果性」便可依兩個觀點而被看待。
如果此因果性被視爲一「物自身」底因果性，則它依其活
動而言便是「智思的」；如果此因果性被視爲感取世界中
的一個現象底因果性，則它依其結果而言便是「感觸的」。
因此，我們必須對於這樣一個主體底能力之因果性既要去
形成一經驗的概念，又要去形成一理智的概念，並且要視
這兩個概念爲涉及一同一結果者。……依據以上的假設，
我們必須在一「屬於感觸世界」的主體中首先有一經驗的性
格；因著此經驗的性格，此主體底活動，當作現象看，是
依照不可更變的自然法則而與其他現象有通貫的連繫。而

因爲這些活動能從其他現象中而被引生出，所以它們與其他現象合在一起構成自然秩序中一個唯一的系列。其次，（除那經驗的性格外），我們定須也要允許這主體有一智思的性格，因著此智思的性格，這主體實是那些「當作現象看」的活動之原因，但是這智思的性格本身卻並不處於任何感性底條件之下，因而其自身亦並不是一現象。我們可名前者曰現象領域中的事物之性格，而名此後者曰「作爲物自身」的事物之性格。❷

上述引文中康德論及「那存有」套到人類身上說，可以作如是了解：人在感觸世界中必須被看成是現象，但是通過作爲理性存有的人自身中的一種能力(此能力乃自由)，人可以成爲現象底原因，如是，就人這理性存有而言，其「因果性」（此「因果性」乃意志）可依兩個觀點被看待。因此，我們對於意志要去形成一經驗的概念，又要去形成一理智的概念，並且這兩個概念是涉及同一結果的。意志因著其經驗的性格，其活動當作現象看，是依照自然法則而與其他現象相連繫；此外，意志因著其智思的性格，它是那些「當作現象看」的活動之原因，但它並不處於任何感性條件之下。

2.2 「感觸界與智思界之區別」由現象與物自身之區分所供給

透過兩個觀點看人類自己，這是康德批判哲學的根源洞見，在探究實踐理性機能底運用之法則及由之以認知人類道德法則的全過程中，康德充分地發揮了他的兩個觀點的見解。在《原則》

一書中，康德說：

> 只要當這種區別（即現象與物自身之區別）一旦被作成，
> （這區別之作成或許只是由於這差異，即見之於「從外面
> 所給與於我們的觀念，在此我們是被動的，以及那些單
> 從我們自己所產生的觀念，在此我們表示我們自己的活動
> 性」，這兩者之間的差異之故而被作成），則由此區別而
> 來者便是：我們必須承認而且認定某種不是現象的別的東
> 西，即物自身，在現象背後；我們雖然這樣認定，然而我
> 們亦必須承認：因為它們（物自身）除如其影響於我們那
> 樣外永不能為我們所知，所以我們也不能更接近於它們，
> 更也不能知道它們自身是什麼。這一點必須能供給出一感
> 觸界（感取界）與一智思界（知性界）之間的一種區別，
> 不管這區別如何粗略。在這區別中，前者可依各種觀察者
> 中感性印象之差異而差異，而後者則是前者底基礎，它總
> 是保持其同一。……這樣，就純然的知覺以及「感覺底接
> 受」（接受感覺之能）而言，他必須視他自己為感取界者；
> 但是，就不管怎樣，在他身上或可有一純粹活動（即那不
> 通過影響於感性而直接地達到意識者）而言，他必須視他
> 自己為屬於智思界者，但是，關於這智思界，他卻並無進
> 一步的知識。❸

康德提出感觸界與智思界之區別乃由現象與物自身之區分所
提供。❹依康德之見，「從外面所給與於我們的觀念」只構成現象
底知識，就是說，我們的感性知性之所知是現象，就純然的知覺
以及接受感覺之能而言，人屬於感取界者，作為感取界一分子，
人是被動的。另一方面，「單從我們自己所產生的觀念」言物自

身，我們自己的活動性也在這個地方表示，就我們自己身上有一純粹活動而言，我們必須視我們自己屬於智思界者。並且，隨著我們必須承認而且認定物自身在現象背後作爲現象的基礎，我們亦必須肯認智思界是感取界的基礎，而且它總是保持其同一。

2.3　智思界含有感取界的基礎

康德說：

> 爲此之故，一個理性的存有必須當作一睿智體（因而並非從他的較低機能一面）認其自己爲屬於知性界（智思界）而不屬於感觸界（感取界）者；因此，他有兩個觀點由之以看其自己，並由之以認知其機能底運用之法則，因而結果也就是由之以認知一切他的活動之法則。第一觀點，就他屬於感取界而言，他見其自己服從自然法則（他律）；第二觀點，由於屬於智思界，他又見其自己受制於這樣一些法則，即這些法則由於獨立不依於自然，故並非於經驗中有其基礎，但只是於理性中有其基礎。❺

康德進而說：

> 如果我眞只是知性界底一分子，則一切我的活動必完全符合於純粹意志底自律原則；如果我眞只是感取界底一部分，則一切我的活動自必被認定爲完全符合於欲望與性好底自然法則，換言之，符合於自然之他律。（前者的諸活動必基於道德之爲最高原則，而後者的諸活動則必基於幸福之爲最高原則。）但是，因爲知性界（智思界）含有感取界之基礎，因而結果也就是說含有感取界底諸法則之基

礎，隨而且直接地把法則給與於我的意志（此意志完全屬
於知性界），且必須被思議爲給法則與我的意志，所以隨
之而來者便是：雖然一方面我必須視我自己爲一屬於感取
界的存有，然而另一方面我卻又必須認我自己當作一睿智
體爲服從知性界之法則者，即是說，爲服從理性者（此理
性在自由之理念中含有此知性界之法則），因而也就是說
爲服從意志之自律者：結果，我必須視這知性界之法則爲
律令，爲對於我而有的律令，而視「符合於這律令」的行
動爲義務。❻

　　依康德兩個觀點的思路，就人屬於感取界而言，他的諸活
動必須被看成是爲欲望與性好這些現象所決定者。這一切活動自
必被認定爲完全符合於欲望與性好底自然法則，即符合自然之他
律，就是說，人若只是感取界的一分子，則他的諸活動必基於幸
福之爲最高原則。另方面，就人屬於智思界而言，則人的活動必
完全符合於純粹意志底自律原則，即必基於道德之最高原則。並
且，智思界作爲感取界底諸法則之基礎而直接把法則給與於我的
意志，因而，人雖然屬於感取界的存有，然而他必須當作一睿智
體而服從智思界的法則——意志之自律。

　　儘管康德提出「智思界含有感取界之基礎」，但是康德堅持人
類並無關於智思界的知識，即是說，智思界只是一理念。那麼，
吾人可問：人的智思界身分到底是虛？是實？如果是虛，則這基
礎亦隨之不可靠。在《原則》一書中，康德透過對理性機能的說
明及自由之理念的提出，力圖避免「智思界」成爲一「腦筋底製
造物」。康德說：

　　現在，人在其自身中實可發見一種機能，藉此機能，他

自己可與任何別的東西區別開，甚至亦與他自己區別開，
只要當他自己爲對象所影響時，此機能便是理性。理性由
於是純粹的自動，它甚至亦升舉在「知性」之上。……理
性在我所叫做「理念」的東西之情形中，表示出如此純粹
的一種自動性，以至於它因之而可遠超乎感性所能給與於
「它」的每一東西之上，而且它在區別感取界與知性界之
不同中，以及因而亦在規定知性本身之限制中，顯示出其
最重要的功能。❼

康德又說：

由於是一理性的存有，因而結果亦就是說，由於屬智思
界，人不能不依自由底理念之條件思議其自己的意志之因
果性（意即除依自由底理念之條件思議其自己的意志之因
果性外決不能依別法思議之），因爲「獨立不依於感觸界
底決定因」這獨立性便是自由（這一獨立性乃是理性所必
須總是歸給其自己者）。現在，自由底理念是不可分地與
自律之概念連繫於一起，而自律之概念復又不可分地與道
德底普遍原則連繫於一起，這普遍原則理想地說來是理性
存有底一切活動之基礎，恰如自然之法則是一切現象之基
礎。❽

　　康德甚至提出：人只有在那智思界中，作爲一睿智體才是他
的眞正的自我。康德如是說：

因爲只有在那智思界中，作爲一睿智體，他才是他的眞正
的自我（當作現實的人看的人類存有，那只是他自己底現
象），所以那些法則才直接地而且定然地應用在他身上，
這樣，性好與嗜欲底激動（換言之，感取界底全部本性），

便不能損害他的作為一睿智體的決意之法則。不，他甚至亦不認他自己可對那些性好與嗜欲（欲向）負責，或把那些性好與嗜欲歸給他的眞正的自我，即歸給他的意志。❾

　　康德說理性是人在其自身中實可發見的一種機能，又說自由是理性所必須總是歸給其自己者，並且肯定智思界身分是人的眞正自我，由此似乎可推出人的智思界身分實而非虛。但是，吾人仍可問：康德所言「眞正的自我」是否亦只是一可望而不可及的理念？事實上，康德肯定地堅持這一點。在《原則》一書中，康德如是說：

　　　　就人而言，甚至對於他自己，一個人也決不能從他因內部感覺所有的知識假裝知道他自身是什麼。何以故如此，這是因為以下的緣故而然，即，由於他實並不創造其自己如普通之所謂，而且他亦不是先驗地得有他自己底概念，所以很自然地隨之而來者便是：他只能因內部感取而得到關於他自己底知識，因而結果，他亦只能通過他的本性之現象以及「他的意識所依以被影響」的那路數（那方式）來得到關於他自己底知識。同時，在他自己的主體（只以現象而造成）底這些徵象以外，他必須必然地設定某種別的東西以為這些徵象底基礎，即他必須設定他的「自我」，不管這自我之在其自己之徵象是什麼。❿

　　在康德兩個觀點的思路中，人的主體亦被區分成以現象而造成的主體與「自我」的主體。康德表明人只能因內部感取而得到關於他的現象身分的主體底知識，至於他的「自我」主體只是一必然的設定。在康德的系統中，人的眞正自我，即人的睿智界身分只是在合理信仰底目的上的一個理性概念。⓫

康德從現象與物自身之超越區分推出人有兩種身分——感取界身分與智思界身分。並且，因著物自身是現象的基礎而說人的智思界身分是感取界身分的基礎。康德這種解說只是理之當然，只具分析的必然性。這就是說，康德只是從「理」上肯定人的睿智界身分，人的現實身分既不能是超感觸的，也不是僅僅屬感取界的。康德在《原則》一書中明白表示：

> 那「使定然律令可能」者即是此義，即：自由之理念使我成為智思界之一分子，由於是如此，是故如果我只是此而無他（意即只是此智思界之一分子而無他），則一切我的活動「必自」總是符合於意志底自律：但是因為我同時又直覺到我自己為感取界之一分子，故一切我的活動又「應當」符合於意志底自律，而這個定然的「應當」即涵蘊一先驗綜和命題，因為在我的為感性欲望所影響的意志之外，進一步還增加有這同一意志底理念，但由於此一意志是屬於智思界的，其自身即是純粹而實踐的，是故此一意志依照理性它含有前一種意志底最高條件。⓬

依照康德的解說，「必自」符合道德底普遍原則（意志底自律）者只是作為智思界身分的人，而並非現實的人。康德說「這個定然的『應當』即涵蘊一先驗綜和命題」，意思是：道德法則作為智思界的法則，它對人的為感性欲望所影響的意志而言，為律令，律令就表示強制。所謂「綜和」，就是說人的為感性欲望所影響的意志應當符合而常不符合於意志底自律，而道德法則則把人的現實意志與其格準之必應為普遍法則（即自律原則）這兩者綜合起來。

依康德之見 ， 從睿智體的意志之純粹性可分析出自律底原

則，純粹意志的格言不可能與道德法則相衝突，一切我的活動
「必自」總是符合於意志的自律，這睿智體的意志是神聖意志；
而「人的意志」不能是神聖的，它的格準不能總是與道德法則不
違背。如此一來，意志的純淨狀態只能爲人通過道德法則而意識
到，卻從未曾充盡實現，也永不能由人充盡地實現。

我們當然不會忘記：是康德首次提出人的智思界身分，並
且將道德哲學牢固而不可動搖地建立在智思界中。依照康德的思
理，離開智思界，則無道德可言；既無道德可言，則人的道德行
爲之超越根據亦喪失。這是康德道德哲學的根源洞見。然而，康
德嚴格區分「道德」與「德行」，現實的人只能向道德世界（睿
智界）無限趨往之。

康德確乎將「道德」安放於人世之外。在《道德形上學》一
書中，康德宣稱：道德的原理是實踐理性底自律，它只屬於有限
的神聖存有，而人類道德在其最高階段仍然只能是德行，德行是
實踐理性底自我強制。❸道德的人是制約者，感性的人是受制約
者，而現實的人則是二者之綜合。這是康德的三分式區分。

康德在第一、二兩個批判中皆強調：人不能對其智思界身分
的主體有知解的知識。其苦心在於要將本體問題抽離知識論的領
域，以正當地從道德的進路建立本體界。然而，單單讀第一、二
兩批判，難免令人慨嘆：康德既創闢性地提出智思界身分的主體
爲人之眞我，卻偏又爲這「眞我」披上一層似實猶虛的迷幕。究
其實，吾人不能責怪康德。於康德之哲學進路而言，必須有概念
之步步分解，機能之層層檢察衡定，必至最後一個批判完成，吾
人方得見批判哲學體系之整全。

比觀儒家道德哲學，直就「智思界」者──以儒家的說法，

名之曰仁體、心體、性體——說人之爲人的眞實生命，而感取界
身分只不過是道德主體資以實現自己之憑藉。在道德生命處說人
之眞實生命，在感性生命處說命限，無限進程只在工夫上說。如
此一來，兩個觀點說得以圓滿，道德哲學之根基亦堅實而不動搖。

【註釋】

❶康186；德文本-157；英譯本B44-45

❷《純粹理性之批判》（下冊），牟宗三譯註（臺灣學生書局，民國年月初
　版），第295-296頁。

❸康100-101；德文本S86；英譯本A68

❹「現象與物自身之超越的區分」是康德哲學系統的一個基本前提。康德在
　《純粹理性之批判》中就感性，知性，及理性隨文點示現象與物自身之區
　分，但並未建立充分證成。在《原則》一書中，康德從「現象與物自身之
　區分」引出人之感取界身分與智思界身分之區別，但康德仍然沒有在此之
　前對於「現象與物自身之區分」這一大前題給出證明，康德認爲這是最普
　通的理解也能作到的。（見康100）稍後，康德解釋道：「要想能把自然之
　法則應用於人類行爲上，他們必須必然地認人爲一現象：如是，當我們要
　求他們也須就人爲一睿智體之身分思想其爲一物自身時，他們仍然堅持認
　其在這方面亦爲一現象。在這種觀點中，去設想這同一主體(即人的意志)
　之因果性可自感觸界底一切自然法則中撤離，那無疑是一矛盾。但是，如
　果只要他們自己想想，而且如理承認：在現象背後，也必於其深根處，
　(雖然是隱藏的)，存有物之在其自己(物自身)，而且我們不能期望這些物
　之在其自己(物自身)之法則同於那些管轄物自身底現象之法則，則這矛盾
　便自然消失。」(見康113)

❺康103；德文本S88；英譯本A69

❻康104-105；德文本S89-90；英譯本A70-71

❼康102；德文本S88；英譯本A69

❽康103；德文本S88；英譯本A69

❾康111；德文本S95；英譯本A75

❿康101；德文本S86；英譯本A68

⓫康117；德文本S100；英譯本A80

⓬康105；德文本S90；英譯本A71

⓭M188；S512-513

第三章　康德論意志

3.1　意志(Wille)──理性存有依照對法則之觀念以行動的機能

康德在他的道德哲學體系中，採用了兩個觀點看人類：一方面人屬於感取界；另一方面，人因著思議其自己是自由的而把自己轉移於智思界而爲其中一分子。因此之故，康德研究人（理性存有）的意志亦採用兩個觀點：一方面是「現實的意志」；另一方面是「純粹意志」。然而，無論就前一觀點抑或就後一觀點而言，「意志」一詞總是指理性存有獨有的依照對法則之想法以行動的機能。康德在《原則》一書中說：

> 自然中每一東西皆依照法則以動轉。惟有理性的存有獨有一種「依照對法則之觀念，即，依照原則，以行動」之機能，即是說，它有一個意志。因爲「從原則推演或演生行動」這推演需要理性，所以意志即不外是實踐的理性。❶

又說：

> 意志被思議爲是一種機能，即「決定一個人依照某種一定法則之觀念去行動」這種「決定之」之機能。這樣一種機能只能見之於理性的存有。❷

上述兩段引文意義相同 。 這兩段文字可說是康德給予「意志」（Wille）一詞的基本界定，這個界定此後貫通於康德所有實踐哲學著作。康德界定「意志」是理性存有獨有的依照對法則之

概念以行動的機能，依照這個界說，意志活動實在包含「理性規律」之產生在內。康德言「法則之概念」，意指一個人意圖行動所依據的某種規律，這規律是理性之實踐使用的成果，康德稱之為「理性的規律」。在《實踐理性底批判》一書中，康德就說：

> 意志從不會直接地為對象以及對象之觀念所決定，它乃是一種「取理性之規律以為一行動之動力」之機能，因著這種機能，一個對象可被真實化。❸

就「法則之概念」即是理性的實踐使用的成果而言，康德將「意志」等同實踐理性。康德將意志與理性的實踐機能相聯繫，而實踐理性也因著意志的這一界定而獲得確實意義，意志與實踐理性實在是相互為用的概念。故此，康德說「意志不外是實踐理性」。

早在《純粹理性之批判》一書中，康德就將意志與理性相聯繫。康德說：

> 理性是意志底一切活動之常住不變的條件，意志底一切活動即是「人在其下顯(顯現而成為現象)」的那些活動。❹

又說：

> 理性，由於它是每一自願活動（意志活動）底無條件的條件，所以它不允許有一些條件是在時間中先於其自身者。❺

依康德之見，理性是意志的根據，意志底一切活動皆以理性為無條件的條件，就是說，每一意志底活動皆從理性之實踐使用處說。這見解是康德道德哲學的根源洞見，自《純粹理性之批判》，至《原則》及《實踐理性底批判》，以至於《道德形上學》，這洞見一直貫串著康德的思理。

《原則》一書中，康德說：

理性在關聯於意志底對象以及一切我們的欲求（在某範圍
內意志甚至可以重疊而倍增這些要求）之滿足上，不足以
以確定性（即確定地）去指導意志，而若即此指導是一目
的，則一植根很深的本能卻能以較爲更大的確定性來導至
此目的；可是縱然如此，而因爲理性是當作一個實踐機能
而賦給我們，即，當作一個「在意志上有影響力」的實踐
機能而賦給我們，所以，由於承認大自然一般地說來，在
她的能量之分配上，已能使手段適宜於目的，是故理性底
眞正使命亦必須去產生一意志，此意志之爲善不只是當作
達至某種別的東西的手段而爲善，而且其本身就是善，而
對如此之意志，理性是絕對必要的。**❻**

《實踐理性底批判》一書中，康德說：

在自然哲學裏，「那發生的事件」之原則（例如在運動底
交互中與動與反動底等量之原則）同時即是自然底法則；
因爲在那裏，理性底使用是理論的（知解的），而且爲對
象底本性所決定。在實踐哲學裏，即是說，在那「只有事
於意志底決定之根據」的哲學裏，一個人爲其自己所作成
的諸原則並不即是那些「一個人所不可免地爲其所約束」
的法則；因爲在實踐之事中，理性有事於主體，即，有事
於意欲之機能，而此意欲機能之特殊性格可以在規律方面
引起種種變化。實踐規律總是理性底一種成果（產品），
因爲它規定行動爲達到結果(目的)的一種工具(手段)。**❼**

《道德形上學》一書中，康德說：

若一種意欲機能的內在決定根據來自主體的理性，便稱之
爲意志（Wille）。……就意志能夠決定意念而言，意志是

實踐理性自己。❽

　　康德將理性關聯於意欲機能而界說「意志」，亦即是說，意志就是理性在意欲機能方面的使用，此即是理性之實踐的使用。康德說同一個理性而有知解的使用與實踐的使用，這樣說的理性只是虛說。❾康德進一步說實踐理性就是意志，並進而說純粹實踐理性就是自由意志，意志底自律，實踐理性的意義方落實。

　　康德之前，在一般的實踐哲學著作中，意志不過是合理的欲望。那些著作的作者們只視一切欲望機能為同質的，它們之間沒有根源的差異而只有較大數或較小數的區別。因此之故，意志無其獨有之特性可言，同時亦無道德的意志可言。對於康德而言，沿用已久的關於意志的舊界說顯然貧乏無力，他洞見到意志不只是單純的欲望，意志實在是實踐的理性。藉此洞見，康德為把意志之概念發展至其自身即為善的一種意志之概念，亦即發展至道德的意志之概念舖設了道路。

3.2　意志是理性存有的一種因果性

　　「法則之概念」包含在因果性底概念之中，故此，康德從「意志是理性存有依照法則之概念以行動之機能」的界說進而說意志是一「因著規律之概念去決定他們的因果性」之力量。也就是說，意志是理性的因果性。❿

　　在《原則》一書中，康德說：

　　　意志是「屬於有生命的存有之當其是理性的存有時」的一種因果性。⓫

　　在《實踐理性底批判》一書中，康德說：

在理性之實踐的使用中，理性與意志底決定之根據有關，此所謂「意志」是這樣一種機能，即「或是去產生那相應於觀念的對象，或是去決定我們自己去實現這樣的對象（不管我們的物理力量足夠不足夠），那就是說，去決定我們的因果性」這樣的一種機能。⓬

康德說意志是決定「因果性」之力量，這因果性是「觀念之因果涉及其對象」之因果性，此「對象」即是意志的一個目的。康德在《原則》一書中說：「目的是那服務於意志而為意志底自我決定之客觀根據」。⓭因為目的與理性之實踐使用有關⓮，故可說，實踐理性作為一目的之機能而為意志之根據，亦可說，意志因著理性之實踐使用而成為目的之機能。康德在《實踐理性底批判》中直說「意志甚至亦可被規定為目的之機能」。⓯

意欲機能包含因果性之觀念，這是康德的新見解，這一見解當時曾被人覺得有錯誤。在《判斷力之批判》一書中，康德有一長註對這一見解作出解說：

當一個人有理由設想有一種關係存於那些被用作經驗原則的「諸概念」與那「純粹的先驗認識底機能」這兩者之間時，則在考慮此關係之連繫中，同時試圖去給這些概念一超越的定義，這是很有價值的。所謂一「超越的定義」即是這樣一個定義，即它是經由純粹範疇而被作成，其如此被作成是只當這些純粹範疇依其自身即足以指示當前所論之概念與其他概念有別時始然。這辦法是倣效數學家底辦法而作的，數學家讓他的問題之經驗論據為不決定的，而只把這些經驗論據之關係置於純粹數學底概念下的純粹綜和中，這樣，他便一般化了他的〔問題之〕解答。我曾經

爲採用一相似的辦法（見實踐理性之批判序文，頁112）而被譴責，而於我所作的意欲或意欲機能之定義，亦曾被人覺得有錯誤。我在那裏界定意欲機能爲這麼一種機能，即這機能它藉賴著(或經由)它的表象(觀念)，它即是那些表象(觀念)底對象之現實性之原因。人們覺得這定義有錯誤，因爲純然的意願(wishes)必仍然只是些意欲（desires），而在這些意欲之情形中，任何人皆不想只藉賴著這些意欲或意願而要求能夠去使這些意欲底對象有存在。但是這些指摘所證明的不過是人之生命中有意欲，因著這些意欲，人與其自己相矛盾。何以故？蓋因爲在這樣一種情形中，他只藉賴著他的表象（觀念），用不著希望此表象之有效果，而即想望此表象底對象之產生，此即表明人在純然意欲中與其自己相矛盾（有意欲某某之表象而又不希望此表象有結果出現，此即矛盾）……現在，雖即如我們在這虛幻的意欲中，意識到我們的表象之作爲此表象之原因之無能（或甚至意識到我們的表象之徒然無益），雖即如此，然而在每一意願中，茲仍然包含有「意願之作爲原因」之關涉，因而也就是說，包含有意願之因果性之表象，這尤其特別成爲可識別的。……甚至對於大而眼見的不可避免的罪惡之厭憎之祈禱，以及那些「達到那『不可能用自然的方法而達到』的目的」的許多迷信的方法，凡此皆足證明「表象之因果的涉及於其對象」。這「表象之因果的涉及其對象」之因果性乃是這樣一種因果性，即：甚至於意識到「產生結果」之無能時，這因果性亦抑制不住那趨向於結果之緊張。……⓰

　　因著給欲望機能一個超越的定義，康德將意欲與意欲底對象相關聯而說意欲機能即是它的觀念底對象之現實性之原因。如此一來，因果性之觀念便帶進意欲機能的界說中。而意志作為與主體的理性有關的意欲機能，它必亦包含有因果性之觀念，同時這因果性必是一種理性的因果性。康德在《純粹理性之批判》一書中說：

　　　　每一人底意志有一經驗的性格，此經驗的性格沒有別的，
　　　　不過就是人之理性底一種確實的因果性，只要當那種因果
　　　　性在其現象領域中的諸結果中顯示一個規律，由此規律，
　　　　我們可以推斷理性底諸活動是什麼（依它們的種類與程度
　　　　而推斷它們是什麼），因而我們便可形成一種「關於人底
　　　　意志底主觀原則」之評估，只要當那種因果性是如此云云
　　　　時，那〔人底意志之〕經驗的性格不過就是人底理性底一
　　　　種確實的因果性。⑰

關於理性的因果性，康德解說云：

　　　　如果理性在關涉於現象中能有一種因果性，則它便是這樣
　　　　一種能力，即「通過此能力，一經驗的結果系列之感觸條
　　　　件始有其開始」這樣的一種能力。⑱

　　綜上兩節所述，意志即是實踐理性，因著實踐理性有兩種功能——訂立原則之功能與目的之功能——而言，意志亦可說是原則之能，目的之能。這是康德言「意志」所包含的意義。

3.3　理性是意志的決定根據

　　康德一再說「意志不外是實踐理性自己」，同時又常常說理

性是意志的決定根據。有人認爲這兩種說法相矛盾。鄺芷人先生
《康德德性哲學的分析》一文就提出這樣的見解，並批評「康德
在《純粹理性批判》、《道德形上學的基本原理》、以及在《道德形
上學》四本著作裏，對『意志』的概念是有不一貫的地方」。❶
鄺先生說：「『意志』與『意念』(案：鄺譯Willkür爲「意念」)在
康德的文獻中眞正有不一貫的情形，主要見於《實踐理性批判》
一書中對『意志』(Wille)這個詞項的使用」。理由是康德在《實
踐理性批判》裏常有「理性決定意志」之說，如此言之之「意志」
只能視作「意念」(Willkür)或包括「意念」(Willkür)，而不是
指「理性」或「實踐理性」。❷

　　依鄺先生之見，既言「理性決定意志」，則不能說意志是實踐
理性自己，故此，康德言「理性決定意志」之實意只是理性決定
意念(Willkür)。看來，鄺先生誤解了康德說「理性決定意志」之
意義。在康德的實踐哲學體系中，「理性決定意志」是一個意思，
「理性決定Willkür」又是另一個意思。理性決定Willkür，意即
意志決定Willkür。而康德言「理性決定意志」，旨在視理性爲意
志底決定之根據，就意志之根據在理性，進一步即可說意志不外
就是理性之實踐使用，亦即實踐理性自己。康德在《道德形上
學》一書中就說：「嚴格地說，意志自己沒有決定根據，而就意
志能夠決定決意(Willkür)而言，意志是實踐理性自己」。❸康德
言「理性決定意志」，這意志就是Wille，而不能視作Willkür。
在康德的系統中，離開意志，無從言實踐理性；離開實踐理性，
無從言意志。

　　從理性的實踐使用說意志，這是康德在實踐哲學方面的革新
性見解，這一見解貫串著康德的全部道德哲學著作，《實踐理性

底批判》一書並無例外。鄺先生以爲《實踐理性底批判》中的「意志」有時候並不等同於實踐理性，實在只是他個人誤解了「理性決定意志」之意義而已。《實踐理性底批判》一書中，康德說理性有「依照原則而先驗地決定那應當被作成者」之能力❷，因爲康德界定意志爲「依照原則以行動之機能」，由此可見，康德視理性之實踐使用等同於意志。事實上，《實踐理性底批判》展開的全部實踐理性機能之檢察，亦即是全部意志機能之檢察。

「理性決定意志」——這是康德實踐哲學的一個重要命題。《原則》一書中康德已使用「理性決定意志」的說法，而同時說「意志即不外是實踐理性」。這一思理始終貫徹於康德的每一部實踐哲學著作中。

《原則》一書中，康德在說「意志即不外是實踐理性」之後緊接著說：

> 如果理性無誤地（確實地）決定意志，則這樣一個存有底諸行動，其被認爲是客觀地必然的者，亦是主觀地必然的，即是說，意志是一種機能它單只去選擇那「理性獨立不依於性好而認之爲是實踐地必然的」者，即認之爲是「善的」者。但是如果理性以其自身不足以決定意志，如果意志亦服從於那些「不常與客觀條件相一致」的主觀條件（即特種衝動），總之，如果意志其本身不是完全地依照於理性(世人現實上大都是如此)，則那些「客觀地說來被認爲是必然的」諸行動主觀地說來則是偶然的，而「對這樣一個意志之依照客觀法則而決定之」之決定便是所謂責成或強制，那就是說，客觀法則對於一個「不完全是善」的意志底關係可被思議爲是「對於一個理性存有底意

　　　　志之由理性底原則而決定之」之決定，但是這些理性底原
　　　　*則，意志自其本性而言，並非必然地服從之。*❷

　　康德從理性是否無誤地(確實地)決定意志作出善的意志（即
純粹意志）與不完全善的意志(即現實意志)之區分。這善的意志
與不完全善的意志之區分亦即《實踐理性底批判》裏所作的純粹
實踐理性與受經驗制約的實踐理性之區分。康德稱前者為意志的
「智思的性格」；稱後者為意志的「經驗的性格」。前者是以睿
智界的觀點認知「作為物自身」的意志之性格；後者則以感取界
的觀點認知現象領域中的意志的性格。康德說「理性無誤地（確
實地)決定意志」，意即純粹理性能是實踐的，以其自身不依於任
何經驗的條件而直接地決定意志。❷如果理性無誤地決定意志，
則「意志」是純粹意志，純粹意志亦不外是純粹的實踐理性。康
德說「理性以其自身不足以決定意志」，意即理性之實踐使用亦服
從於經驗的條件。如果理性以其身不足以決定意志，則「意志」
是現實的不完全善的意志，這意志即不外是受經驗制約的實踐理
性。

　　　　總而言之，在康德的實踐哲學系統中，意志是由理性指導的
推動力，在這個意義上，康德便將意志等同於實踐理性。❷而康
德說「理性決定意志」、「法則決定意志」或「對象決定意志」，
其實意是：意志依據理性的指導而自我決定，意志依據法則而自
我決定，或意志依據其對象而自我決定。康德在這些地方言「決
定」是指意志之自我決定。「意志即不外是實踐理性」與「理性
決定意志」二說法始終貫串康德的實踐哲學著作，這二說法在康
德的系統中並不矛盾。《道德形上學》一書中，康德提醒他的讀
者：「嚴格地說，意志自己沒有決定根據，而就意志能夠決定決

意(Willkür)而言，意志是實踐理性自己」。㉖事實上，康德在
《原則》及《實踐理性底批判》二書中同樣執持這義旨而不違。

3.4　意志之決定原則

在康德的系統中，「理性決定意志」意指理性是意志決定之
根據。康德提出「理性是意志決定之根據」，旨在將意志等同於
實踐理性。吾人若未能把握康德以實踐理性說意志的根源洞見，
則難免望文生意，以爲康德視意志爲一結果，而實踐理性爲決定
意志之原因。同理，康德在《原則》、《實踐理性底批判》中屢言
「意志之決定根據」，「意志之決定原則」，其意亦並非在意志之
外有一原則爲其決定根據。康德言「意志之決定根據」，「意志之
決定原則」乃指意志之自我決定而言，實踐原則由意志給出㉗，
亦即由實踐理性給出，而並非意志(實踐理性)之外另有一產生原
則之機能。

康德以兩個觀點——物自身的觀點與現象的觀點——看人的
實踐機能(意志，亦即實踐理性)，同樣以這兩個觀點認知其實踐
機能底運用之法則——意志之決定原則(實踐理性之原則)。《原
則》一書中，康德區分意志之原則爲異質的兩類——決意底形式
原則與決意底材質原則。康德說：

> 意志正立於它的先驗原則（此是形式的）和它的經驗動力
> （此是材質的）之間，有如植立於兩路之間者，而又因爲
> 它必須爲某物所決定，所以當一行動是從義務而作成時，
> 這意志必須爲決意底形式原則所決定，在此情形，每一材
> 質原則皆已從它身上被抽去（撤去或拉下）。㉘

依康德之見，意志的形式原則是先驗的，它是義務的原則，亦即道德原則；意志的材質原則是經驗的，它只能作爲意志的原則，而不能作爲意志的法則。

在康德的系統中，意志之原則等同實踐理性的原則。《實踐理性底批判》卷一，第一章標題爲「純粹實踐理性底原則」，該章對於實踐理性底原則之分析完全經由意志底決定原則之分析而完成。康德在章首之「界說」中就表明：實踐理性底原則是一些「含有意志底一般決定」的命題。㉙

關於實踐理性底原則，康德提出了三條定理以及一條純粹實踐理性底基本法則：

定理一：一切「預設欲望機能底一個對象（材料）以爲意志底決定之根據」的實踐原則皆是經驗的，它們亦不能供給實踐法則。㉚

定理二：一切材質的實踐原則，即如其爲材質的而觀之，皆是同類者，而且它們皆處在自私或私人幸福底一般原則之下。㉛

定理三：一個理性的存有不能視他的諸格言爲實踐的普遍法則，除非他認它們爲這樣的一些原則，即這些原則決定意志不是因著它們的材料而決定之，但只因著它們的形式而決定之。㉜

純粹實踐理性底基本法則：你應當這樣行動，即：你的意志之格言總能同時當作一普遍立法底原則（當作一個「建立普遍法則」的原則）而有效。㉝

定理一與定理二是關於材質的實踐原則之規定。依康德之說，材質的實踐原則意指在一個原則中意志底決定之根據依於欲望機

能底一個對象，即依於經驗的條件。此即《原則》一書中所言意志底材質原則。

定理三與基本法則是關於實踐的普遍法則之規定。依康德之說，實踐的普遍法則即純粹實踐理性底基本法則，它是這樣的一種實踐原則，在其中意志之決定的依據只是意志的純然形式。即是說，它是「『只就意志底格言之形式而先驗地決定意志』這樣的規律」。❸此即《原則》一書中所言意志底形式原則。

康德區分實踐原則為異質的兩類——實踐的普遍法則與實踐的材質原則。這區分是依照意志底決定原則之區分而作出的。如果意志底決定原則其本身就是理性的原則，而並沒有顧及意志底可能對象，也就是說意志底格言底純然立法形式其自身就是意志底決定原則，在此情形中，那個原則是一實踐的普遍法則（即實踐的先驗法則）。這種「意志底格言底純然立法形式其自身就是意志底決定原則」的情形，康德又以「法則直接地決定意志」之說法表示之。❸如果意志底決定原則(主觀的格言或客觀的箴言)是依據欲望底決定原則而來的後果，在此情形中，那個原則是一實踐的材質原則。材質原則或者只是主觀的，或者是客觀的與理性的，皆不能作為實踐的法則。若理性底格言只是一個「我們定須追求快樂而避免痛苦」的格言，它決定我們的行動之為善是只決定之為相對地對於我們的性好而為善，在此情形中，那個格言只可被稱為合理的實踐箴言。❸這箴言只能是實踐的規準，而不能是實踐法則。

依康德之見，意志底經驗的決定原則與理性的決定原則之異質性可因著「一實踐地立法的理性對抗任何性好之混雜」底這種抵阻作用而清楚地被檢查出來。❸康德並表明：設想同一主體（即

人的意志）有兩種異質的法則，這並無矛盾。因為，一方面，人為一感取界之身分而只為現象；另一方面，我們也須就人為一睿智體之身分思想其為一物自身，我們不能期望物自身之法則同於現象之法則。康德說：

> 要想能把自然之法則應用於人類行為上，他們必須必然地認人為一現象：如是，當我們要求他們也須就人為一睿智體之身分思想其為一物自身時，他們仍然堅持認其在這方面亦為一現象。在這種觀點中，去設想這同一主體（即人的意志）之因果性可自感觸界底一切自然法則中撤離，那無疑是一矛盾。但是，如果只要他們自己想想，而且如理承認：在現象背後，也必於其深根處，（雖然是隱藏的），存有物之在其自己(物自身)，而且我們不能期望這些物之在其自己(物自身)之法則同於那些管轄物自身底現象之法則，則這矛盾便自然消失。❸

3.5　意志的兩種性格

在康德的系統中，意志（實踐理性）乃原則之能。如果意志如其為意志給它自己以原則，這原則為外於意志的衝動所給與，這原則就是實踐法則（道德法則）。在這情形中，意志是純粹意志、絕對善的意志，(即實踐理性是純粹的)。但是，如果意志依據對象之概念而給出原則，這原則是屬於主體之自然（或本性）的衝動所給與，它是客觀的實踐規準(箴言)，甚或只是主觀的格言。在這情形中，意志是受經驗制約的意志、不完全善的意志，（即實踐理性是受經驗制約的）。依康德之說，純粹意志與受經

驗制約的意志是同一有限理性存有的意志之兩種異質的性格。前者是以物自身的觀點看人，作爲物自身看的人，其意志底性格是智思的；後者是以現象的觀點看人，作爲現象看的人，其意志底性格是經驗的。康德說：

> 一理性存有底意志，雖然由於屬於感取之世界，它承認它自己爲必然地服從因果性之法則者，就像一切其他動力因一樣，可是，同時，在另一方面，即是說，作爲一「存有之在其自己」，它亦意識到它存在於一智思的「事物之秩序」中，而且爲一智思的「事物之秩序」所決定。❸⑨

因著以兩種觀點看人，康德即可說人的意志有兩種異質的性格。一方面，就意志的智思性格而言，它是純粹的、絕對地善的，這意志即是立法的意志，並且，它服從自立的法則。康德在《原則》一書中說：

> 「每一個人的意志就是在一切它的格準中成立（給與）普遍法則的意志」這原則，設若它依別法仍可被證成爲有理時，它必是很適宜於成爲定然律令的：……大家都知道人是因著義務而受制於(服從於)法則，但卻沒有見到：他所服從的法則就只是那些他自己所訂立的法則，雖然這些其自己所訂立的法則同時也是普遍的，也沒有見到：他只是必須在與其自己的意志相符合中去行動，（意即他只是必須依照他自己的意志去行動），而其自己之意志卻是「天造地設地要去給與（制訂）普遍法則」的意志。❹⓪

又說：

> 一理性存有底意志必須被視爲是立法的意志，因爲如若不然，它便不能被認爲「其自身即是一目的」。依是，理性

把那〔我們〕視之爲普遍地立法的意志（爲自立普遍法則的意志）之每一格準關涉到每一其他意志上，而且也關涉到那對向或朝向於「一個人自己」的每一行動上；而它之這樣作，並不是因爲任何其他實踐的動機或任何未來的利益之故而如此作，但只是由「一理性存有底尊嚴」之理念而如此作，這一理性存有除「他自己同時亦立法則」所立的法則外，他不服從任何其他法則。❹

自立普遍法則的意志，同時就是服從自立法則的意志，即是說它是自律自由的意志。在《原則》一書中，康德說：

「在每一行動中意志對其自己是一法則」這命題只表示這原則，即：只應依照這樣的格準，即「它同時亦能以『作爲一普遍法則的它自己』作爲一對象」這樣的格準而行動，除依照這樣的格準而行動外，不能再有別樣的格準可依。現在，這個原則確然即是定然律令之公式，並且亦即是道德底原則，因此，一個自由的意志和一個服從道德法則的意志正是同一個東西。❹

在《實踐理性底批判》中，又說：

一個如此之意志，即「它除在格言之純然的立法形式中有其法則外，它不能在任何其他東西中有其法則」，這樣的一個意志，即是一自由的意志。❹

因爲這道德法則是基於「人底意志」之自律上的，這人底意志，當作一自由的意志，它因著它的普遍法則，它必須必然地能夠與那「其自身所願服從之」的東西相契合。❹

康德說「立法的意志」、「自律意志」、「自由意志」，皆是指同一個智思世界的意志，這智思世界的意志，康德又名之曰

「純粹意志」、「善的意志」。

關於「善的意志」，康德在《原則》一書中說：

> 那個意志是絕對地善的，它不能成為惡的，換言之，它所
> 具有的格準，如果被弄成為一普遍法則時，決不會自己相
> 矛盾。……「你應該只依這樣一些格準，即此等格準同時
> 能以『它們自己之作為普遍的自然法則』為它們的對象(目
> 標)，這樣的一些格準去行。」依是，這即是一個絕對地
> 善的意志之程式。㊺

在《實踐理性底批判》中又說：

> 法則直接地決定意志；「符順於法則」的行動其自身就是
> 善的；一個「其格言總是符合於此法則」的意志就是絕對
> 地是善的，在每一方面皆是善的，而且是一切善之最高條
> 件。㊻

關於「純粹意志」，康德在《原則》一書中說：

> 一個「必須沒有任何經驗動機而只完全依先驗原則而被決
> 定，而且我們可以名之曰純粹意志」的意志……㊼

在《實踐理性底批判》中書中又說：

> 在「知性於知解知識中對於對象所有的關係」之外，知性
> 復亦有其對於欲望機能之關係，此欲望機能名曰意志，而
> 當純粹知性(在此情形純知性即名曰理性)通過一法則之純
> 然概念而為實踐的時，此欲望機能亦得名曰純粹意志。㊽

總而言之，依康德之說，人要求有一個「無關於欲望與性好
名下的任何東西」之意志，即是說他認其自己為一睿智體的人，
他思其自己的意志是立法的、自律自由的、純粹的、絕對地善的
意志。但是，另一方面，康德又說同一人，他又覺知他自己為感

取界中之一現象，他的感取界的意志是依照自然法則而服從外在的決定的。㊾康德在《原則》一書中說：

> 說一個現象中的東西（屬於感取界）是服從於某種法則，而這同一東西當作「一物或一存有之在其自己」看又是獨立不依於這法則，這是絲毫沒有矛盾的；而「他必須在這雙重路數中認他自己與想他自己」這層意思，就第一方面說，是基於意識他自己為一通過感取而被影響的對象，而就第二方面說，則是基於意識他自己為一睿智體，即是說，在其理性底使用中，為獨立不依於感觸印象者（換言之，為屬於智界者）。㊿

就人的感取界身分而言意志底經驗性格，它不可避免地受感性本性的影響，它可相反於實踐理性底客觀原則。《原則》一書中，康德論及律令所關涉的意志就是指感取界的意志而言，康德說：

> 客觀法則對於一個「不完全是善」的意志底關係可被思議為是「對於一個理性存有底意志之由理性底原則而決定之」之決定，但是這些理性底原則，意志自其本性而言，並非必然地服從之。
>
> …………
>
> 一切律令皆為「應當」這字所表示，而因此它們皆指表一個客觀的理性法則對於這樣一個意志即「從其主觀構造而言，它不是必然地為這法則所決定」，這樣一個意志之關係，這關係就是強制底關係。這些律令說「去作某事或不去作某事」這必是好的，但只它們說此義是對於這樣一個意志，即「它常不是作一事是因為這事被認為是好的，所

以才去作它」，這樣一個意志説此義。❺❶

又説：

> 律令是宣布那爲我所可能的（或對於我而爲可能的）什麼
> 樣的行動必是善的，它並且在關聯於一個意志中把那實踐
> 的規律呈現出來，這所關聯的意志是這樣的，即它並不立
> 即作一行動是單因爲那行動是善的而作之，其所以如此，
> 或由於這主體（行動者）並非時常知道那行動是善的，或
> 由於縱使他知道它是善的，而其格準或許可相反於實踐理
> 性底客觀原則。❺❷

在《實踐理性底批判》一書中，康德提出，在決意(Willkür)
之他律的情形中，意志不能給它自己以法則，這意志也是指感取
世界的意志而言。康德説：

> 如果作意(Wollens)底材料(此不過就是與法則相連繫的一
> 個欲望底對象）進入於實踐法則中，以之作爲此法則底可
> 能性之條件，則結果便是決意（Willkür）之他律，即是
> 説，便是這依待，即「依待於『我們定須遵從某種衝動或
> 性好』這物理法則之依待。在此種情形中，意志(Wille)
> 不能給它自己以法則，但只給它自己以箴言，即「如何合
> 理地去遵循感性法則」之箴言。❺❸

康德説「不能給它自己以法則」的意志，「不完全是善的意
志」，甚至説「感取界一分子的那壞的意志」❺❹，皆就意志的經
驗性格而言，其意是要表明人類意志之主觀的不圓滿性。

康德區分感取界的意志與智思界的意志，但並非主張有兩種
獨自分離的意志。康德如此區分其實意是指同一意志有兩種異質
的性格。盡管經驗的（即感取的）性格與智思的性格是異質的，

但是康德強調這兩種性格不只是可並存，而且必須被認爲是必然地統一於同一主體(人)中。實在說來，康德言意志的智思性格，意謂它只是超感觸界的一個理念，吾人不能對之有任何形式的直覺，它只是一設準，只是吾人無限嚮往的理想。故此，康德又名之曰「理想的意志」。❺依康德之見，在現實的人類活動中，人可覺知的畢竟只是感取世界的意志。康德在《實踐理性底批判》一書中說：「理性必須依一定的樣式就感觸世界中的意志底諸活動認知因果性；非然者，實踐理性實不能產生任何活動」。❺

【註釋】

❶康42，S41，AA30

Ein jedes Ding der Natur wirkt nach Gesetzen. Nur ein vernünftiges Wesen hat das Vermögen, nach der Vorstellung der Gesetze, d. i. nach Prinzipien, zu handeln, oder einen Willen. Da zur Ableitung der Handlungen von Gesetzen Vernunft erfodert wird, so ist der Wille nichts anders, als praktische Vernunft. S41

Everything in nature works according to laws. Rational beings alone have the faculty of acting according to the conception of laws — that is, according to principles that is, have a will. Since the deduction of action from principles requires reason, the will is nothing but practical reason. AA30

❷康64，S59，AA44

Der Wille wird als ein Vermögen gedacht, der Vorstellung gewisser Gesetze gemβ sich selbst zum Handeln zu bestimmen. Und ein solches Vermogen kann nur in vernünftigen Wesen anzutreffen sein.　s59

The will is conceived as a faclty of determining oneself to action in accordance with the conception of certain laws. And such a Faculty can be found only in rational beings.　AA44

❸康211，S177，BB62

❹《純粹理性之批判》下冊(牟宗三譯註，民國72年，臺灣學生書局印行)，第312頁。

❺同註四。

❻康19，S21

❼康150，S125、126，B18

In der praktischen Erkenntnis, d.i. derjenigen, welche es bloß mit Bestimmungsgrunden des Willens zu tun hat, sind Grundsätze, die man sich macht, darum noch nicht Gesetze, darunter man unvermeidlich stehe, weil die Vernunft im Praktischen es mit dem Subjekte zu tun hat, namlich dem Begehrungsvermögen, nach dessen besonderer Beschaffenheit sich die Regel vielfältig richten kann. Die praktische Regel ist jederzeit ein Produkt der Vernunft, weil sie Handlung, als Mittel zur Wirkung, als Absicht vorschreibt. Diese Regel ist aber fur ein Wesen,bei dem Vernunft nicht ganz allein Bestimmungsgrund des Willens ist, ein Imperativ,d.i. eine Regel, die durch ein Sollen, welches die objektive Nötigung der Handlung ausdruckt, bezeichnet wird, und bedeutet, daß, wenn die Vernunft den Willen gänzlich bestimmete, die Handlung unausbleiblich nach dieser Regel geschehen würde. s125-126

In practical philosophy, which has to do only with the grounds

of determination of the will, the principles which a man makes
for himself are not laws by which he is inexorably bound,because
reason, in practice,has to do with a subject and especially with
his faculty of desire, the special character of which may
occasion variety in the rule. The practical rule is always a
product of reason, because it prescribes action as a means to an
effect which is its purpose. This rule, however,is an imperative
for a being whose reason is not the sole determinant of the
will. It is a rule characterized by an"ought," which expresses
the objective necessitation of the act and indicates that, if
reason comletely determined the will, the action would without
exception take place according to the rule.　　 BB18

❽M41-42，S317

❾參見牟師宗三先生說，康453。

❿康111，S95，AA75

⓫康93，S81，AA63

Der Wille ist eine Art von Kausalität lebender Wesen, so fern
sie vernünftig sind, …… 　 S81

The will is a kind of causality belonging to living beings in
so far as they are rational, …… 　 AA63

⓬康144，S120，BB15

Mit dem praktischen Gebrauche der Vernunft verhält es sich
schon anders. In diesem beschäftigt sich die Vernunft mit
Bestimmungsgrunden des Willens, welcher ein Vermögen ist, den
Vorstellungen entsprechende Gegenstande entweder hervorzubrin-

gen, oder doch sich selbst zu Bewirkung derselben (das physische Vermögen mag nun hinreichend sein, oder nicht),d.i. seine Kausalität zu bestimmen.　　S120

.......It is quite different with the practical use of reason. In the latter, reason deals with the grounds determining the will, which is afaculty either of bringing forth objects corresponding to conceptions or of determining itself,i.e., its causality to effect such objects (whether the physical power is sufficient to this or not).　　BB15

⓭康14，S59，AA44

⓮參見M198，S526

⓯康德說：「單只是理性能夠辨別工具(手段)與目的之連繫（這樣，意志甚至亦可被規定爲目的之機能，因爲目的總是意欲之決定原則）……康208，S175、176

⓰《判斷力之批判》上冊（牟宗三譯註，民國81年，臺灣學生書局印行），第120頁。

⓱同註四，第307、308頁。

⓲同註四，第310頁。

⓳見《中國文化月刊》（臺灣，民國72年５月號），第46、47頁。鄭先生言「四著作」，原意應包括《純粹理性之批判》。

⓴同註十九，第49、50頁。

㉑M42，S317

㉒康430

㉓康42，S41，AA30

㉔參見《實踐理性底批判》，康184，S155，B43

㉕參見L. W. Beck: "A Commentary on Kant's Critique of Practical Reason", 39p.

㉖M42，S317

㉗參見康172，S144，BB34

㉘康25，S26，AA17

㉙康149，S125

㉚康152，S127

㉛康153，S128

㉜康161，S135

㉝康167，S140

㉞參見《實踐理性底批判》，康168，S141，BB31

㉟參見《實踐理性底批判》，康214，S180，BB65

㊱參見《實踐理性底批判》，康214、215，S180，BB65

㊲參見《實踐理性底批判》，康289，S216

㊳《原則》，康113，S97

㊴《實踐理性底批判》，康184，S155，BB43

㊵康72、73，S64、65

㊶康75、76，S67

㊷康94，S81、82

㊸康164，S138，BB28

Wenn aber auch kein anderer Bestimmungsgrund des Willens für diesen zum Gesetz dienen kann,als bloβ jene allgemeine gesetzge-bende Form: so muβ ein solcher Wille als gänzlich unabhängig von dem Naturgesetz der Erscheinungen,nämlich dem Gesetze der Kausa-lität, beziehungsweise auf einander, gedacht werden. Eine solche

Unabhängigkeit aber heiβ Freiheit im strengsten, d.i. transzen-
dentalen Verstande. Also ist ein Wille, dem die Bloβe gesetzge-
bende Form der Maxime allein zum Gesetze dienen kann, ein freier
Wille.　s138

Now, as no determining ground of the will except the universal
legislative form [of its maxims] can serve as a law for it, such
a will must be conceived as wholly independent of the natural
law of appearances in their mutual relations, i.e., the law of
causality. Such independence is called freedom in the strictest,
i.e.,transcendental, sense. Therefore, a will to which only the
maxim can serve as a law is a free will.　　BB.28

❹康383，S264

❺康80、81，S70、71

❻康214，S180，BB65

❼康11，S15，AA7

❽康202，S171，BB57

Auβerdem Verhältnisse aber, darin der Verstand zu Gegenständen
(im theoretischen Erkenntnisse) steht, hat er auch eines zum
Begehrungsvermögen, das darum der Wille heiβt, und der reine
Wille, so fern der reine Verstand (der in solchem Falle Vernunft
heiβt) durch die bloβe Vorstellung eines Gesetzes praktisch ist
......　S171

But besides the relationship which the understanding has to
objects in theoretical knowledge, there is also the relationship
in which it stands to the faculty of desire, which is therefore

called the will, or the pure will in so far as the pure understanding (which in such a case is called reason) is practical through the mere representation of a law...... BB57

㊾參見《原則》，康110

㊿康110，S94

(51)康43，S42、43，AA31

(52)康45，S43

(53)康172，S144，BB34

(54)壞的意志(bosen Wille)，參見《原則》，康107，S91

(55)理想的意志(Wille in der Idee)，參見《原則》，康85，S74

(56)康194，S164

第四章　康德道德哲學中 "Wille"與"Willkür" 底使用之區分

4.1　"Wille"與"Willkür"之簡別

在意欲機能（Begehrungsvermögen）的研究中，康德除使用 "Wille"一詞外，還使用了另一詞項"Willkür"。康德這樣一位嚴 肅的哲學家，必不會無端自制新詞。事實上，康德所以分別使用 "Wille"與"Willkür"，理由是康德視人類意欲機能活動由兩個相 關的環節組成：第一環節是原則(形式原則或材質原則)的訂立， 這原則之能康德名之曰"Wille"（它等同於實踐理性）。第二環節 是直接與行動相關的格準之採用，採用一個與特定行動直接相關 的格準之機能，康德名之曰 "Willkür"。在康德的道德哲學體系 中，原則決定甚麼應當發生，而行動的格準（康德又稱之曰作意 底主觀原則)決定發生甚麼。也就是說，Wille是決定應當發生者 之機能，Willkür是決定現實上發生者之機能。

在康德的系統中，Wille與Willkür兩詞項各自有其確定的意 義，這兩詞項的使用也是確定的，一貫的，不可相互替換。人們 可以抱怨康德在使用 Wille 與 Willkür 這兩詞項之前沒有正式說 明這兩詞項之意義區分，但他們沒有理由指責康德混淆 Wille 與 Willkür的使用。康德從不會用Willkür表示訂立原則的機能，也

不會在直接與行動相關的格準處使用 Wille。事實上，在《實踐理性底批判》（1788年出版）中，康德已經隨文點示出 Wille 與 Willkür的區分。

《實踐理性底批判》一書中，康德表明「意志從不會直接地爲對象以及對象之觀念所決定，它乃是一種『取理性之規律以爲一行動之動力』之機能，因著這種機能，一個對象可被眞實化」。❶所謂「意志從不會直接地爲對象以及對象之觀念所決定」，就是說意志不直接地與行動有關，它不直接地決定現實上發生甚麼。在「純粹實踐判斷底符徵」一節裡，康德就表示意志並不關聯於行動之結果。❷關於Willkür，康德表示Willkür之主觀決定原則（即行動格準)不能充作意志(Wille)一般底客觀的決定原則，並且，它不能假裝做立法的。康德說：「傾向於去使我們自己在我們的決意 (Willkür) 之主觀的決定原則中充作意志一般底客觀的決定原則這種脾性可以叫做『自我貪戀』；而如果這種脾性假裝做立法的，作爲一無條件的實踐原則這樣的立法的，則它即可叫做『自滿自大』」。❸

《實踐理性底批判》出版之後九年，康德發表他的《道德形上學》，在這部著作中，他對他自己一貫使用的Wille與Willkür兩詞項之區分給出一個總結說明，康德說：

> 意欲機能(Begehrungsvermögen)不依對象而依自己的概念作爲行動的根據，此名之爲高興做或不做的能力。當這種能力與藉著行動產生對象之能力底意識相聯系時，名之爲決意（Willkür)。若不與這行動的意識相聯系，則名之爲希望(Wunsch)。若一種意欲機能的內在決定根據來自主體的理性，便稱之爲意志（Wille）。因此，意志是這樣一種

意欲機能：它不像決意般直接地與行動相關，而毋寧說它只與行動的決意底決定根據有關。嚴格地說，意志自己沒有決定根據，而就意志能夠決定決意而言，意志是實踐理性自己。❹

來自主體的理性的內在決定根據即是實踐理性的原則，康德說：「若一種意欲機能的內在決定根據來自主體的理性，便稱之爲意志」，意謂意志是一種涉及實踐理性的原則之意欲機能。意志作爲原則之能，它不直接地與行動有關，而只與行動的決意底決定根據有關。關於決意（Willkür），康德說它是與藉著行動產生對象之意識相聯系的意欲機能，意謂決意是涉及行動格準之意欲機能。康德又說：

法則來自意志，格準來自決意。就人而言，決意是一自由的決意。意志只涉及法則本身，因爲意志並不關涉行動，但只是直接地爲行動的格準立法（因此，意志是實踐理性本身）。所以，意志指示絕對的必要，它本身不受制於任何條件。只有決意才能被稱爲自由的。❺

康德在《道德形上學》一書中對於Wille與Willkür之界定跟康德此前在《純粹理性之批判》、《原則》、《實踐理性底批判》及《宗教》四書中使用該兩詞項之意義是相同的。康德自始至終堅持著這樣一個區分——Wille有事於原則之訂立，而Willkür有事於行動格準之採用。依康德之見，意欲機能活動區分開兩個環節：第一環節，Wille訂立實踐的原則（形式的原則，即定然律令，即道德法則；或材質的原則，即假然律令，即實踐規準）。Wille 這一原則之機能是理性存有特有的，人禽之辨即在此見。意志因著它是由理性指導的，它有一原則的力量，因而結果也就

是說，它有一實踐的先驗原則的力量。因著從一般實踐原則之能進至道德法則之能，意志發展至純粹意志之概念，康德就在純粹意志處確立道德可能之超越根據。第二環節，Willkür 發佈行動的格準。Willkür這機能是人與動物共有的，人類的Willkür與動物的 Willkür 之區分在人類的 Willkür 有其自由底使用。就人而言，Willkür 採用實踐原則進入某一特定行動中以作成行動的格準，（就實踐原則作爲行動格準的決定根據而言，康德說Wille能夠決定Willkür）。盡管Willkür在爲其自己採用格準時以原則作根據，但這格準是在Willkür之自由底使用上作成的❻，就是說，Willkür或採用材質的實踐原則(自私或私人幸福的原則)進入其格準，或者採用形式的實踐原則（道德法則）進入其格言，甚或採用道德格言之反面，這完全由決意自決。在這個地方，康德可說人之違反道德法則是可被咎責的。

毋庸置疑，正確區分Wille與Willkür之使用是了解康德道德哲學的一項首要工作。爲著英譯難以找到一詞能夠全盡 Willkür 之意義，貝克曾建議在英譯中保留Wille與Willkür，這嚴謹的態度是可取的。中譯方面亦可採納貝克這個建議。本文一些地方爲行文方便，以「決意」譯Willkür❼，不另標註德文。

4.2 Willkür在康德道德哲學著作中之使用

康德強調道德哲學首先要從理性部份開始，即是說，首先把道德學建基於形上學上，然後下降到經驗的部份，給予它一通俗性而好爲大家所接受。事實上，從《原則》、《實踐理性底批判》、

《宗教》到《道德形上學》，正是由理性部份開始而逐步下降至理性原則於經驗中之使用。若吾人明白康德上述四著作的任務，則不致因康德在《原則》中很少使用Willkür而引生誤解。

鄺芷人先生在《康德倫理學原理》一書中提出一種見解，他認為：康德在《原則》一書裡沒有採用 Willkür 這個詞項，原因可能有二：第一，康德寫《原則》時尚沒有Willkür這個概念❽；第二，在《原則》裡的「意志」概念實包含有兩個意義，此即在《道德形上學》裡所謂「意志」與「意念」（案：Willkür鄺譯作意念）。❾

首先，以為康德在寫《原則》時尚沒有Willkür這個概念，這種猜測未免失於粗疏。事實上，康德在《原則》一書中兩次使用Willkür這詞項。茲錄德文原著如下：

......, dagegen vernünftige Wesen Personen genannt werden, weil ihre Natur sie schon als Zwecke an sich selbst, d.i.als etwas, das nicht bloβ als Mittel gebraucht werden darf, auszeichnet, mithin so fern alle Willkür einschränkt (und ein Gegen-stand der Achtung ist).❿

反之，理性的存有則名「人格」，因為他們的本性把他們表示為「其自身即是目的」，即是是說，把他們表示為這樣的某種東西，即此某種東西必不只被用作工具，就此而言，亦即限制了一切決意，而且亦是一尊敬底對象。

......daβ alle Vorstellungen, die uns ohne unsere Willkür kommen (wie die der Sinne) ...... ⓫

一切非因我們的決意而來的觀念（覺象、表象），例如感

　　取上的那些觀念……

　　誠然，Willkür在《原則》中的兩次使用並無大助於吾人對這詞項的了解，但這並不表明康德寫《原則》一書時未形成Willkür這個概念。《原則》一書的工作在於研究並建立道德的原則，因為這工作只與原則相關，康德在該書中實在只需要有事於意志之考察，而不必關注 Willkür。《原則》一書只有事於概念的先驗知識而根本未下降到原則之經驗使用，即未涉及到現實的行動，Willkür一概念又為何須引入？故此，鄭先生以為《原則》一書裡的「意志」包括意志與Willkür，這種見解實有可商榷之餘地。同理，J. Silber批評康德在《原則》一書中經由對於一切理性存有為有效的假設以界定「意志」，沒有為把欲望帶進意志留一餘地，也沒有為對抗法則的意志機能留一餘地⓬，這種批評亦不諦當。

　　在《原則》一書中，康德有事於實踐原則之研究。從材質的實踐原則(假然律令)進至形式的實踐原則（定然律令，亦即道德法則）；作為原則之能的意志也必然從受經驗制約的意志發展至純粹意志的概念。康德在《原則》裡使用經驗的觀點與理性的觀點這兩個觀點看意志，因此，吾人在《原則》中有時看到作為經驗概念的意志，有時又看到作為理性概念的意志，前者康德稱之為「不完全善的意志」、「不完滿的意志」、「受經驗制約的意志」；後者康德稱之為「善的意志」、「純粹意志」、「自由意志」。看來，鄭先生將《原則》中受經驗制約的意志等同於Willkür(案：鄭譯作意念)，故有意志包含意志與意念(Willkür)之說。

　　鄭先生在分析意志與意念之區別時提出：康德在《原則》一書裡用意志 (Wille) 含概「意志」與「意念」兩個概念，但是，《實踐理性底批判》一書中「意志」一義不甚明確一貫，『意志』

有時包括了「意念」，有時則指「純粹意志」，直至《道德形上學》一書，康德才給「意志」與「意念」兩個詞項作出清晰明確的界定 ── 純粹的是意志；「不純粹」或「混雜」是意念(Willkür)。⓭

　　鄺先生以「純粹的」或是「經驗的」作標準區分 Wille 與 Willkür，這種見解並不合康德原義。本文先前章節已經由康德原著之分析表明：意志有事於原則之訂立；決意有事於行動格準之採用──這是康德對於意志(Wille)與決意(Willkür)兩詞項所作的明確區分。

　　吾人須了解：康德一方面使用兩個觀點（經驗的觀點與理性的觀點）看人的意志；另方面又以兩個環節（原則→行動，即意志→決意）總括人的意欲機能活動。明乎此，則不難理解，康德在《實踐理性底批判》一書中既有受經驗制約的意志（即受經驗制約的理性）與純粹意志（即純粹實踐理性）之區分；亦有意志(Wille)與決意(Willkür)之區別使用。

　　《實踐理性底批判》在其先導論文（《原則》）所建立的原則之基礎上進至此等原則的實踐使用之考察，故此，就原則之區分為材質的與形式的，康德相關地區分受經驗制約的意志與純粹的意志；另一方面，就原則的實踐使用，即是就關涉到原則之作為行動格準的決定根據而言，康德採用決意以區別於意志。人們容易粗忽地將決意與意志的區分等同於受經驗制約的意志與純粹意志之分別，抱持這種誤解，自然免不了要埋怨康德使用意志(Wille)與決意(Willkür)兩詞項有時並不一致。

　　事實上，《道德底形上學》一書中，康德也並不以「純粹的」或是「經驗的」作標準區分意志與決意。該書同樣有純粹意志與

不純粹意志之區分，康德說：一個單方面的意志（ einseitige Wille)不能發布一個對每一個人皆具強制性的法則，只有一個公共的有權力的意志(Kollektiv-allgemoiner und machthabender Wille)才能使每一個人皆在法則的強制性之下。❹前者即是受經驗制約的不純粹的意志；後者即是立道德法則的純粹的意志。

《道德形上學》一書，關涉道德法則處，相應的「意志」自是純粹的，但這並不表示康德界定「意志」是純粹的。同樣，該書常論及不依於道德法則，採用道德法則之反面作其格準的「決意」，這決意自是不純粹的、混雜的，但這並不表示康德界定「決意」是不純粹的，因為康德另方面又說依於道德法則的「決意」，即採用道德法則作成其格準的決意，這決意是自由決意，吾人不能視自由決意是不純粹的。康德在《道德底形上學》一書中說：

> 那個能夠由純粹理性決定的決意，名之為自由的決意(freie Willkür)。那個單由性好(感性的衝力，刺激等)決定的意欲機能，應名之為獸類的決意（tierische Willkür)。人類的決意 (menschliche Willkür) 雖然確實能夠受衝力影響，但卻不為衝力所決定；因此，它不是純粹的(除養成理性的才能之外)，但卻能夠由純粹意志決定以產生行動。決意的自由是指它獨立於感性衝力，不為感性衝力所決定，這是自由的消極意義。自由的積極意義在純粹理性自己是實踐的。❺

在康德諸道德哲學著作中，因著各著作之任務有不同，或者Willkür很少被使用（例如在《原則》一書中）；或者，Willkür關聯於實踐原則之使用的考察工作而被使用（例如在《實踐理性底批判》一書中），在這個地方，Wille是主要詞項，Willkür未

有機會充分展現其意涵；或者，Willkür關聯於道德法則在人類現實的實踐活動中之使用與妄用的研究(例如在《宗教》及《道德形上學》二書中)，在這個地方，研究重心在特定行動底格準，因而Willkür占重要地位。尤其在《宗教》一書中，Willkür可說是一個最關鍵的詞項。上述諸差別並不構成Willkür一詞之歧義，相反，吾人必須了解Willkür在每一著作中的表現，才能夠充盡地把握Willkür一詞的豐富意涵。

4.3　貝克「實踐理性(意志)底兩相態」說檢討

「Wille是純粹的，Willkür是混雜的」這種見解在學術界頗爲流行，究其所自始，或可追溯至貝克(L. W. Beck)提出的「實踐理性（意志）底兩相態」說。

貝克在《評康德的〈實踐理性底批判〉》一書中說：

> 決意(Willkür)能夠服從意志(Wille)的法則而不失去它自己的自由，因爲它們不是外在地關聯的兩種機能。它們是實踐理性底兩相態(aspect)，而以立法的功能與執法的功能而有所不同，前一功能拘限後一功能，前者是後者的純然形式。❻

依貝克之說，Wille與Willkür是實踐理性底兩相態：實踐理性作爲立法機能，它是Wille，它是純粹的；實踐理性作爲執法機能，它是Willkür，它受制於Wille。因著意志不外就是實踐理性，貝克接著又說意志「有兩不同的相態」，貝克說：

> 人的意志──事實上，它不是單一的觀念，它有兩不同的

相態。既是義務之創造者，又是義務之執行者。❶

依貝克之見，人的意志有兩相態：一相態是義務的頒發者，即立法者，它就是康德所言 Wille；另一相態是義務的執行者，即受 Wille 所拘限者，它就是康德所言 Willkür。貝克將康德的Wille與Willkür包括在意志（即實踐理性）中，作為意志底兩相態，如此區分 Wille 與 Willkür，未免失於粗疏。在康德的系統中，立法（立道德法則）的是純粹意志（即純粹實踐理性），這是從智思界的觀點看意志機能；但康德另方面又以感觸界的觀點看意志機能，感觸界的意志並不純粹，也不是立法的。依康德之說，感觸界的意志並不等同於決意(Willkür)，Willkür 與 Wille 一樣有兩相態。吾人知道康德有兩個觀點由之以看人自己並由之以認知其機能：第一觀點，就人自己屬於感取界而言，他服從自然法則；第二觀點，就人屬於智思界而言，他受制於另一些法則，這些法則獨立不依於自然，其基礎不在經驗中而只在理性中。❶事實上，貝克提出「兩相態」說之原意是基於康德以兩個觀點看同一世界的方法。❶貝克在這地方仿效康德的兩個觀點，但發生了誤用，因康德並非以兩觀點之區分劃分Wille與Willkür。

貝克雖然在他的「實踐理性(意志)底兩相態」說中將Wille規定為立法的，純粹的，即屬智思界者，但貝克未至於將Willkür規定為混雜的，不純粹的，即屬感觸界者，他亦有見於康德並非以智思界與感取界之區分劃分Wille與Willkür。❷既然康德不是因著以兩個觀點（智思界的觀點與感觸界的觀點）看實踐理性而有Wille與Willkür之區分，吾人可知貝克的「實踐理性(意志)底兩相態」說不合康德原意。

承自貝克的「實踐理性底兩相態」說，國內康德研究中有「一

體兩面」說。鄺芷人先生在《康德倫理學原理》一書中提出：「意志與意念(案：鄺譯 Willkür 作意念)同是一體，或者說，它們只是一體的兩個面相」。㉑如此「一體兩面」說同樣誤解康德的兩個觀點說。在康德的道德哲學體系中，若要使用「一體兩面」的說法，吾人須明確：「一體」乃指同一主體(Subjekt)，Subjekt一詞康德有時指「人」，「行動者」㉒，有時則就人的機能而言。㉓「兩面」是指一面是感觸界的性格而另一面是智思界的性格。「一體兩面」意謂有兩個觀點（智思界的觀點與感觸界的觀點）由之以看人自己並由之以認知其機能。依此，吾人可就意志(Wille)的智思性格與經驗性格而說「意志底兩相態」，亦可就決意(Willkür)的智思性格與經驗性格而說「決意底兩相態」。但吾人不可說Wille與Willkür是同一主體的兩相態。關於意志的兩種性格（即兩相態），本文第二章已有論述；關於決意的兩相態，同樣可引證於《實踐理性底批判》、《宗教》、《道德形上學》三書。

　　《實踐理性底批判》一書中，康德一方面說：

> 一個受制於感性影響的Willkür(雖然不是爲這些影響所決定，因此它仍然是自由的)，它函蘊著一種「從主觀原因而生起」的願望，因此，它可時常相反於純粹客觀的決定原則；因此，它需要實踐理性底一種抵抗上之道德的強制，此種道德的強制可以叫做是一種內在的但卻是理智的強迫。㉔

又說：

> 動力之概念、興趣之概念、以及格言之概念，這三者皆只能應用於有限的存有。因爲這三者皆預設這存有底本性之限制（皆預設一種屬於這存有之本性的限制），在此限制

中，這存有底決意 (Willkür) 之主觀性格不能以其自身即
與實踐理性底客觀法則相契合……㉕

另方面，康德說：

在最高的睿智體這方面，決意 (Willkür) 是正當地被思議
爲「不可能有任何『不能同時客觀地是一法則』的格言」
的決意，而亦正因此故，神聖之概念可屬於它；此神聖之
概念實不把它置於(升舉在)一切實踐法則之上，但只置於
(升舉在)一切實踐地有限制性的法則之上，因而結果亦就
是說，置於(升舉在)責成與義務之上。㉖

《宗教》一書中，康德一方面說：

世界上最有理性的[有限而可變滅的]存有仍可有需於「從
性好之對象而來到他身上」的某種激發力，有需於此種激
發力以便去決定其決意(Willkür)……㉗

另方面又接著說：

假定此道德法則不在我們心中被給與，則我們必不能因著
推比計算的理性而去把它如此這般地發見或造作出來，或
去勸服吾人之決意 (Willkür) 去服從它；可是這道德法則
卻就是這唯一「能使我們意識到我們的決意 (Willkür) 之
獨立不依於那因著任何其他激發力而成的決定（我們的自
由）」者，而且同時它亦是那唯一「能使我們意識到我們
的行動之可答責性」者。㉘

《道德形上學》一書中，康德一方面說：

那個單由性好（感性的衝力，刺激等）決定的意欲機能，
應名之爲獸類的決意(tierische Willkür)。㉙

另方面又說：

那個能夠由純粹理性決定的決意，名之為自由的決意(freie Willkür)。⑳

上述引文中所言「受制於感性的影響的」決意，其「主觀性格不能以其自身即與實踐理性底客觀法則相契合」的決意，「有需於『從性好之對象而來到他身上』的某種激發力」作決定的決意，「單由性好決定」的決意，是說決意(Willkür)的經驗相態。另方面，「不可能有任何『不能同時客觀地是一法則』的格言」的決意，「獨立不依於那因著任何其他激發力（即獨立不依於那道德法則以外的激發力）而成決定的決意，由純粹理性決定的決意，是說決意(Willkür)的智思相態。由此觀之，依康德之說，決意(Willkür)有兩相態：感觸界的相態與智思界的相態。

在康德的系統中，Wille 訂立實踐原則；而 Willkür 行使原則。盡管它們在同一主體的意欲活動中內在地相關聯，但它們畢竟是兩種不可混同的機能，它們各自有其兩相態。

結　束　語

一般的實踐哲學只考論作意(Wollen)一般以及屬於這種一般意義的作意的一切行動與條件。Wollen是一個作用字，只就行動由之而發生之主觀格言而言，它不必與理性有關，它是主觀的，無必然性可言。康德洞見到這種一般說的人類作意底諸活動與諸條件大部份只能源於心理學，而不能作為道德哲學之基礎。康德批判了一般實踐哲學的淺見，以Wille與Willkür兩功能說明人類的意欲活動，從而為道德法則的既客觀而又主觀的先驗性奠定理論基礎，並且將道德哲學重新堅固地建築在其創立的意志理論底

基石上。

　　康德把意志（Wille）等同於實踐理性，如此，意志才可能發展至「純粹意志」、「自由意志」之概念；而決意（Willkür）作爲採用格準的機能，其決定根據在意志，如此，康德可說自由決意（freie Willkür）是能夠由純粹理性決定的決意。一方面，從一般說的意志發展至自由意志之概念，以此確立道德底最高原則；另一方面，從受經驗制約的決意發展至自由決意，以此確立德行底原理。這兩部份構成康德富原創性的倫理學體系。

【註釋】

❶康211，S177

❷康224，S188

❸康248，S194

❹M42，S317

Das Begehrungsvermögen nach Begriffen, sofern der Bestimmungs-grund desselben zur Handlung in ihm selbst, nicht in dem Objekte angetroffen wird, heiβt ein Vermogen, nach Belieben zu tun oder zu lassen. Sofern es mit dem Bewuβt sein des Vermögens seiner Handlung zur Hervorbringung des Objekts Verbunden ist, heiβt es Willkür; ist es aber damit nicht verbunden, so heiβt der Actus derselben ein Wunsch. Das Begehrungsvermögen, dessen innerer Bestimmungsgrund, folglich selbst das Belieben in der Vernunft des Subjekts angetroffen wird, heiβt der Wille. Der Wille ist also das Begehrungsvermögen, nicht sowohl (wie die Willkür) in Beziehung auf die Handlung, als vielmehr auf den Bestimmungsgrund der Willkür zur handlung, betrachtet, und hat selber vor sich eigentlich keinen Bestimmungsgrund, sondern ist, sofern sie die Willkur bestimmen kann, die praktische Vernunft selbst.　s317

The capacity for desiring in accordance with concepts, insofar as the groung determining it to action lies within itself and not in its object,is called the capacity for doing or refraining from doing as one pleases insofar as it is joined with one's consciousness of the capacity to bring about its object by one's action it is called the capacity for choice; if it is not joined with this consciousness its act is called a wash. The capacity for desire whose inner determining ground,hence even what please it,lies within the subject's reason is called the will. The will is therefore the capacity for desire considered not so much in relation to action (as the capacity for choice is) but rather in relation to the ground determining choice to action. The will itself, strictly speaking, has no dtermining ground; insofar as it can determine the capacity for choice,it is instead practical reason itself.　M42

❺M52，S332

Von dem Willen gehen die Gesetze aus; von der Willkür die Maximen. Die letztere ist im Menschen eine freie Willkür; der Wille, der auf nichts anderes, als bloß auf Gesetz geht, kann weder frei noch unfrei genannt werden, weil er nicht auf Hand-lungen, sondern unmittelbar auf die Gesetzgebung für die Maxime der Handlungen (also die praktische Vernunft selbst) geht, daher

auch schlechterdings notwendig und selbst Notigung fähig ist.Nur
die Willkür also kann frei genannt werden.　　s332

　　Laws　proceed from the will,　maxims from　choice.　In man the
latter is a capacity for free choice; the will,which is directed
to nothing beyond the law itself,can not becalled either free or
unfree,　since it is not　directed to actions but immediately to
giving laws for themaxims of actions(and is,therefore, practical
reason itself).　Hence the will directs with　absolute necessity
and is itself subject to no necessitation.Only choice can there-
fore be called free.　　M52

❻參看圖65，S667

❼牟師宗三先生節譯《宗教》一書，以「決意」或「自由決意」譯Willkür，
本文採用「決意」一譯。

❽鄺芷人先生著《康德倫理學原理》，臺灣文津出版社，民國81年9月初版，
第144頁。

❾同註八。

❿S60

⓫S86

⓬GH1xxxiv，GH1xxxii

⓭同註八，第146-147頁。

⓮M77，S365-366

⓯M42，S317-318

　　......die Willkür, die durch reine Vernunft bestimmt werden
kann, heiβt die freie Willkür. Die, welche nur durch Neigung
(sinnlichen Antrieb, stimulus) bestimmbar ist, würde tierische

Willkür (arbitrium brutum) sein. Die menschliche Willkür ist
dagegen eine solche, welche durch Antriebe zwar affiziert, aber
nicht bestimmt wird, und ist also fur sich (ohne erworbene Fer-
tigkeit der Vernunft) nichtrein, kan aber doch zu Handlungen aus
reinem Willen bestimmt werden. Die Freiheit der Willkür ist jene
Unabhängigkeit ihrer Bestimmung durch sinnliche Antriebe; dies
ist der negative Begriff derselben. Der positive ist: das Ver-
mögen der reinen Vernunft, für sich selbst praktisch zu sein.

s317-318

......That choice which can be determined by pure reason is
called free choice. That which can be determined only by incli-
nation (sensible impulse,stimulus) would be animal choice (arbi-
trium brutum). Human choice, however, is a capacity for choice
that can indeed be affected but not determined by impulses, and
is therefore of itself (apart from an acquired aptitude of rea-
son) not pure but can still be determined to actions by pure
will. Freedom of choice is this independence from being deter-
mined by sensible impulses;this is the negative concept of free-
dom. The positive concept of freedom is that of the capacity of
pure reason to be of itself practical. M42

⓰L.W. Beck: "A Commentary on Kant's Critique of Practical Reason"
(The University of Chicago Press, Ltd., London, Published 1960),
p.199

The Willkür can obey the law of Wille without losing its own
freedom only because they are not two faculties externally rela-

ted to each other. They are two aspects of practical reason,dif-
fering as the legislative and executive funtions. The former
funtion binds the latter; the former is the pure form of the
latter.

❶同註十六。

That the will of man ─ because of the fact that it is not a
simple notion and has two distinguishable aspects ─ can be both
obligation-creating and obligation-executing is one of the most
dramatic theses in Kant's philosophy, as dramatic as, and analo-
gous to,the Copernican Revolution in his theoretical philosophy.

❶參見《原則》,康103,S88

❶同註十六,p.192

❷同註十六,p.191

❷同註八,第95頁。

❷Subiekt dieser Bestimmung(der Mensch) S113

Subjekt dieses Willens (den Menschen) S165

參見《原則》,康45、康82;《實踐理性底批判》,康134、康195:

　　……這主體(行動者)並非時常知道那行動是善的,……　　康45,S43

　　……一切目的底主體,即理性存有自己,決不可只當作工具而被使用,

　　……　　康82,S71

　　……把義務當作人類的義務而各別地界定之,這並不是可能的,除非直

　　至此種界定底主體(人)是依照其現實的本性而被知了的,……

　　康134,S113

　　……我們已使此意志底主體(人)不只是可思議的,即如其屬於一純粹

　　知性之世界而爲可被思議的,而在此方面,他是不被知的……

康195，S165

㉓Subjekts, d.i. der reinen praktischen Vernunft　S75

Subjekt der Freiheit　S111

sinnlich-affizierte Subjekt　S202

Subjekt des moralischen Gesetzes　S263

參見《原則》，康86；《實踐理性底批判》，康132，康383：

　　……我們必須超出對象底認識之外而進至對於主體，即，對於純粹實踐

　　理性，作一批判的考察，……　　　康86，S75

　　……要求去把一個人自己就其為「自由底主體」之身分視作一智思物，

　　……　　　康132，S111

　　……因為這所說之人，他是道德法則底主體，換言之，是那「其自身是

　　神聖的」東西之主體，……　　　康383，S263

㉔康170，S143，B33

Weil eine pathologisch affizierte (obgleich dadurch nicht bes-
timmte, mithin auch immer freie) Willkür einen Wunsch bei sich
fuhrt, der aus subjektiven Ursachen entspringt, daher auch dem
reinen objektiven Bestimmungsgrunde oft entgegen sein kann, und
also eines Widerstandes der praktischen Vernunft, der ein inner-
er, aber intellektueller, Zwang genannt werden kann, als morali-
scher Notigung bedarf. 　s143

Besause a pathologically affected (though not pathologically
determinedand thus still free) choice involves a wish arising
from subjective causes, and consequently such a choice often op-
poses pure objective grounds of determination. Such a will is
therefore in need of the moral constraint of the resistance of-

fered by practical reason, which may be called an inner but in-
tellectual compulsion.　　B33

❷❺ 康256，S201，B83

Alle drei Begriffe aber, der einer Triebfeder, eines Interesse
und einer Maxime,können nur auf endliche Wesen angewandt werden.
Denn sie setzen insgesamt eine Eingeschranktheit der Natur eines
Wesens voraus, da die subjektive Beschaffenheit seiner Willkür
mit dem objektiven Gesetze einer praktischen Vernunft nicht von
selbst ubereinstimmt; ein Bedürfnis,irgend wodurch zur Tätigkeit
angetrieben zu werden, weil ein inneres Hindernis derselben
entgegensteht.　　s201

All three concepts—of drive,interest,and maxim—can, however,
be applied only to finite beings. For without exception they
presuppose a limitation of the nature of the being, in that the
subjective character of its choice dose not of itself agree with
the objective law of practical reason; they presuppose that the
being must be impelled in some manner to action, since an inter-
nal obstacle stands against it.　　B83

❷❻同註二十四。

allergnugsamsten Intelligenz wird die Willkür　　S143

❷❼❷❽圓81，S673，GH21

…… Das allervernunftigste Weltwesen könnte doch immer
gewisser Triebfedern,die ihm von Objekten der Neigung herkommen,
bedürfen, um seine Willkür zu bestimmen, hiezu aber die vernünf-
tigste überlegung, sowohl was die größte Summe der Triebfedern,

als auch die Mittel, den dadurch bestimmten Zweck zu erreichen, betrifft, anwenden: ohne auch nur die Möglichkeit von so etwas, als das moralische gebietende Gesetz ist, welches sich als selbst, und zwar höchste, Triebfeder ankundigt, zu ahnen. Wäre dieses Gesetz nicht in uns gegeben, wir würden es, als ein solches, durch keine Vernunft herausklügeln,oder der Willkür anschwatzen: und doch ist dieses Gesetz das einzige, was uns der Unabhängigkeit unsrer Willkür von der Bestimmung durch alle andern Triebfedern(unsrer Freiheit)und hiemit zugleich der Zurechnungsfähigkeit aller Handlungen bewußt macht.　　s673

...... The most rational mortal being in the world might still stand in need of certain incentives, originating in objects of desire, to determine his choice. He might, indeed, bestow the most rational reflection on all that concerns not only the greatest sum of these incentives in him but also the means of attaining the end thereby determined,without ever suspecting the possibility of such a thing as the absolutely imperative moral law which proclaims that it is itself an incentive, and, indeed, the highest. Were it not given us from within,we should never by any ratiocination subtilize it into existence or win over our will^w to it; yet this law is the only law which inform us of the independence of our will^w from determination by all other incentives (of our freedom) and at the same time of the accountability of all our actions.　　GH21

㉙㉚M42，S317-318(見註十五)

下篇　康德的自由學說

第一章　緒　論

1.1　自由是批判哲學底全部系統之拱心石

　　自由是康德批判哲學的靈魂。如果說康德點出「知性爲自然立法」意在確立「自然」之確定性的權威，毋寧說康德不過是藉著定住現象義的「自然」，而開拓「自由」的領域。人類知性所知僅僅是自然之爲現象而已，若要實現超感觸的自然系統之存在，則惟賴人類理性之自由。此所以康德說：

　　知性在自然中只能知道現在實是的是什麼，已經曾是的是什麼，或將要是的是什麼。我們不能說：自然中的任何東西在一切這些時間關係中它所實是的是什麼以外還要「應當是什麼」。當我們只把自然底行程存於心中時，「應當」是　沒有任何意義的。❶

並說：

　　理性將決不屈服於任何「經驗地被給與」的根據。理性在此並不如「事物在現象中呈現其自己」那樣來遵循事物之秩序，但只是以圓滿的自發性依照著理念來爲其自己架構其自己所特有的一種秩序，它使經驗的條件適合於這些理念，它並依照這些理念來宣布活動爲必然的，縱使這些活

動從未發生過，或許亦決不會將要發生。而同時理性亦預
設：它在關於一切這些活動中能有一種因果性，因爲設若
不然，則沒有經驗的結果可從理性之理念而被期望。❷

理性在關涉於活動(即關涉於現象)中有一種因果性，則它便
是一種創發一事件系列的力量。康德就在這力量處說「自由」。
康德明白表示：自由即是一個「含有感觸世界底現象之原因」的能
力。❸如此一來，康德將自由歸結到「理性爲行動立法之能力」，
也就是將自由的領域等同道德領域、超感觸的領域。這是康德自
由學說的洞見。

無疑，自由是西方近代文明的一面旗幟。然而，直至康德批
判哲學的出現，自由之至高無尚的位置從未能如此堅實地建立。
即使康德之後也沒有那一位西方哲學家能如康德那樣洞見自由之
眞義。康德力斥「無法則的自由」，摒棄情識的放縱恣肆與思考
的隨意揮灑；甚至超出政治與思想之自由之上，確定地宣示：自
由不能是一個經驗的概念，自由之實在性惟證之於服從道德法則
之實踐之中。康德如是說：

> 超越的自由必須被思議爲獨立不依於任何經驗的東西之獨
> 立性，因而結果也就是說，獨立不依於一般地說的「自
> 然」之獨立性，不管這「自然」或經驗的東西是只在時間
> 中所考慮的內部感取之一對象，抑或是在時間與空間中所
> 考慮的外部感取之一對象。設無這種超越的自由，（此種
> 自由是自由一詞之眞義，而且亦單是這種自由才是先驗地
> 實踐的自由），則沒有道德法則是可能的，亦沒有「對道
> 德法則負責」是可能的。❹

首先，康德在《純粹理性之批判》中證明自由可充許被思想，

由此說明道德世界之可能，而《實踐理性底批判》則反過來，通過說明道德法則是理性的事實，以推證自由之客觀實在性。最後，在《判斷力之批判》中通過目的論的法則，康德說明了自由的世界即道德的世界即絕對的價值世界，乃創造(宇宙本身)之終極目的。康德就是這樣經由他的三大批判，因著他的現象與物自身底超越之區分的指引，為哲學，亦即為理性尋求絕對物之需要找到一個領域，這就是自由的領域，亦即道德的領域，價值的領域。

依康德的洞見，自由與道德的人不可分。道德的人，康德亦名之曰「我們之內的神性的人」❺，亦即是當作一理念看的「人之為人之人義」，它含有「人義」這個理念底「完整決定」上所需要的每一東西。❻盡管自由不能是一個經驗的概念，但自由決不是腦筋底虛構物。因為我們惟賴自由方能覺知「我們之內的神性的人」，這「我們之內的神性的人」之行為提供一個標準，因著這標準我們得以判斷我們自己的行為並進而改進我們自己的行為。並且，僅僅是「服從道德法則的人」堪稱為一個世界底存在之終極目的。

康德在《判斷力之批判》中說：

「通常的人類知性」，只作為健全（而未有訓練）的知性看，它是被視為很難期望每一人皆可有「人類」之名的。❼

又說：

如果世界只由無生命的存有而組成，或甚至只部分地由「有生命的但卻是非理性的存有」而組成，則這樣一個世界底存在必不會有任何價值，因為在這樣的世界中必不會有任何存有它對於「什麼是價值」會有絲毫概念。另一方

面，如果世界中實存在著理性的存有，又如果雖即存在著理性的存有，然而這些理性的存有之理性卻只能夠在「自然對這些理性存有」所有之關係中，即是說，只能在「這些理性存有之福利」利中，去安置「事物底存在之價值」，而並不能夠由根源處，即在這些理性存有之自由中，去爲這些理性存有自己獲得一種存在之價值，如是，則在世界中誠可有相對的目的，但卻並無絕對的目的，因爲此類理性的存有之存在必總仍然會空無一目的。但是，道德法則在一「無任何條件」的目的之形式中，因而結果也就是說，即在一終極目的之概念所需要的那形式或樣子中，去爲理性規定某種事，這乃正是道德法則之顯著的特徵。因此，單只像那「在目的之秩序中能夠是其自己之最高法則」這樣一種理性之真實存有，換言之，單只那「在道德法則之下服從道德法則」的理性存有之真實存在，始真能被視爲是一個世界底存在之終極目的。❽

顯見，康德批判哲學追尋的是對「知性立法」權威之超越。他彰顯的是理性存有之自由，他向人們展示的是一個價值的世界，即一個超感觸的自然系統，亦即一個目的王國。

若果我們遵循「哲學」一詞之古義，那麼，康德宣稱他自己建立的批判哲學是一種真正的哲學，「在它之前絕對沒有什麼哲學」❾，這一宣稱並無狂妄之嫌。正如我們見到的，康德正是按照「哲學」一詞之古義建立他的哲學體系。康德說：

爲我們的合理行爲底諸格言而去實踐地即充分地(適當地)規定一最高善之理念，這乃是「實踐的智慧論」之事，而此實踐的智慧論，作爲一門學問看，復又即是所謂哲學。哲

學一詞是取古人所了解之意。古人以爲哲學意謂一種「概念中之教訓」，概念乃即是「最高善已被置於其中」的那概念，並且亦意謂一種「行爲中之教訓」，行爲乃即是「最高善所因之而被得到」的那行爲。去把哲學一詞留在其作爲一「最高善論」之古義中（就理性努力去使這「最高善論」成爲一門學問而言），這必應是妥善的。因爲，一方面，〔作爲一最高善論〕這所附加的限制必應適合於那個希臘字（希臘字哲學一詞指表「愛智慧」），而同時它又必足以在哲學之名下去擁攝「愛學問」，即是說，「愛一切思辨的理性知識」，所謂「愛一切思辨的理性知識」是就這思辨的理性知識在以下兩方面均可適用於理性而言，即，一是在那個概念（即最高善之概念）方面可適用於理性，一是在「決定我們的行爲」的那實踐原則方面可適用於理性，而在這兩方面適用於理性卻亦並未喪失這主要的目的（愛智慧），而單爲這主要目的之故，此思辨的理性知識始可叫做實踐的智慧論。❿

康德的哲學實堪稱爲「實踐的智慧學」，而「自由」是這門學問的最重要概念。此所以康德說：

> 只要當自由之概念之實在性因著實踐理性底一個必然的法則而被證明時，則它即是純粹理性底全部系統之拱心石，甚至亦是思辨理性底全部系統之拱心石。⓫

1.2　自由不能是一個經驗的概念

康德並未首先規定「自由」之概念，當然這並不表示康德未

能握有「自由」之定義。事實上，康德之前，「自由」一詞已經有了各種習慣性的定義，這些定義或是心理學意義的，或是政治意義、思想意義的，諸種習慣性的定義中無論那一種，皆只是依據經驗原則了解的「自由」。相反於習慣性的了解，康德洞見到自由不能是一個經驗的概念，而這一點是有待證明的。康德深知他的革命性思考必定要引起廣大的懷疑與反對，故此，他寧願讓「自由」一詞在全部批判哲學的工作中充盡展開其豐富的函義，而放棄首先爲自由之概念下定義的方式。康德三大批判的讀者恐怕對這種方法不會感到陌生。⓬

康德不同意先人及他的同時代人依據經驗原則了解「自由」的觀點。在《純粹理性之批判》中，康德經由純粹理性底第三背反之考察及解決點示出：

一、依照自然而成的因果關係之必然性從未是自由的。理由是：依照自然而成的因果性是感觸世界中的某一狀態與那先行的狀態之相連繫。因爲現象底因果性基於時間之條件上，因而那先行狀態必是另一先行狀態的結果。現象系列中任一個條件其自身只能作爲現象而爲系列底一分子，在經驗的無窮後退中，決不會有一第一開始，亦即無自由可言。康德在《實踐理性底批判》中亦如是說：

> 如果我們把時間中事物底存在之屬性誤認爲物自身底屬性（此是普通所常有的想法），則想去融洽或協調「因果關係底必然」與「自由」這兩者，這乃是不可能的；它們兩者是矛盾的。因爲隨「因果關係底必然」而來的便是：每一事件，結果也就是說，發生在時間某一點上的每一活動，是那存在於先行的時間中的東西之一必然的結果。現在，

由於過去的時間不再是在我的力量（掌握）中，所以我所
作成的每一活動必須是那「不在我的力量（掌握）中」的
某一決定根據底必然結果，即是說，必須是那「我活動於
其中我從未是自由的」之一刹那中的那某一決定根據底必
然結果。不，縱使我認定：我的全部存在是獨立不依於任
何外在的原因(例如上帝)，這樣，我的因果關係底決定原
則，甚至我的全部存在底決定原則，便不在我自己以外，
可是縱使如此，這亦不能絲毫把物理的必然轉成自由。因
爲在時間底每一瞬中，我仍然是處於「因著那不在我的力
量（掌握）中的東西而被決定去活動」底必然性之下，而
「在先行方面爲無限」的那事件串系，即「我只能依照一
預先決定了的次序而連續之，而從不能從我自己開始」的
那事件串系，它必應是一連續的物理鍊子，因此，我的因
果性必從未是自由的。⓭

　　二、單只是從時間中事物底存在之觀點看，自由是不可能的，
但這並不能排除從物自身的觀點看，自由是可能的。並且，僅僅
爲著原因方面的現象之系列的完整性，我們必須假定原因底一種
絕對的自發性，藉此，那依照自然之法則而前進的現象之系列遂
有一開始。此原因之絕對自發性便即是自由，而這自由顯然是超
越的，而不能是經驗的。

　　三、因果性有兩種：一是依「自然」而成者，一是「自由」而
發生者。前者名曰「自然的因果性」，它是依照物理必然性底法
則而來的因果性，在自然的因果關係中，一物底存在屬於現象。
後者名曰「自由的因果性」，它依照不移的但卻又是特種的法則
（即道德法則）而活動，自由歸屬於這同一存有之爲一物自身。

顯見，康德首先經由因果範疇之超感觸使用建立其「自由」概念。盡管康德在《純粹理性之批判》中宣稱：在知解的（理論的）知識中，範疇之超感觸的使用之客觀實在性是被否決了的。這宣稱並不妨礙康德在實踐的知識中給予因果範疇之超感觸使用一客觀實在性。誠然，康德提出：理性的知解使用若企圖越過經驗的限制，則必然要產生虛幻，但是，同一理性可有不同的使用，那就是實踐的使用。並且，只有在實踐的使用中理性才能真正實現自身的要求。對一特定所與的有條件者而言，理性在條件一面要求絕對綜體，在這要求中，理性便將知性底一個概念（範疇）從不可免的可能經驗之限制中解脫出來而轉換成一超越的理念。「自由」正是在理性的要求中從因果範疇轉換而來的一個超越的理念。

康德洞見到：惟超越的自由是自由一詞之真義。超越的自由不能在任何經驗中被發見，但是，一切比較意義的自由（即經驗意義的自由）以及以經驗為主的心理學的自由皆包括超越的自由作為其先驗的成素。康德在《實踐理性底批判》之「純粹實踐理性底分析之批判的考察」一節中批駁了「比較的自由概念」之說法。康德說：

> 一個人如何能在同一剎那中，並就那「他於其中服從一不可避免的物理必然」的同一行為，而被說為是自由的呢？有些人想用以下的說法來避免這困難，即：「決定他的因果關係」的那原因是這樣的一種原因，即，與一「比較的自由概念」相契合的一種原因。依照這說法，那有時可叫做是一「自由的結果」者，其「決定的物理原因」是處於這正在活動的事物本身之內的。舉例來說，例如一個拋射

體（子彈）當其在自由運動時所表現的，在此情形中，我
們使用「自由」一詞，是因爲它在飛行時，它不爲任何外
在的東西所迫使。或又可另舉一例，例如：我們説一個鐘
錶底運動是一自由的運動，因爲它自己移動它的指針，因
此，這運動不需要爲外力所推動。和這相同，一個人底諸
活動雖然必然地爲在時間上先在的諸原因所決定，可是我
們仍説它們是自由的，因爲這些原因是由我自己的機能而
被産生出的一些觀念，（因著這些觀念，欲望即在環境底
機緣上被喚起），因此，行動也依照我們自己的快樂而活
動著。這種説法是一種可恥的遁辭，某些人仍然以此可恥
的遁辭來逃脱他們自己，並且相信他們已解決了這因難的
問題，玩一點字眼的把戲來解決這因難的問題。（在解決
此因難問題上，許多世紀以來皆是白費力氣，因此，這問
題也很少只從表面上就能如此完整地被發見。）❶

　　依康德之見，凡持「比較的自由」之説法者，不管他們稱之
爲自由的主體只是物質的自動機（當這機械性的存有是爲物質所
推動，例如一個拋物體、一個鍾錶）；抑或是精神的自動機（當
他爲觀念所推動），僅僅因著它們是當現象看，則它們「在根底
上不過就是一轉叉狗底自由，此轉叉狗一旦被扭起時，其自身即
會完成其運動」。❶

　　比較的自由是經驗地發現在我們的行動中的，即使它的決定
原因居於主體之內，甚或是理性的，它仍然不能是絕對的超越的
自發性。許多世紀以來，人們以心理學的因果性充作「自由」，
並未想到心理學的自由歸根究底只是比較的自由而已。康德洞見
到：心理學的自由主要是經驗的，它們包含著物理的(自然的)必

然性，它們並沒有爲「超越的自由」留下餘地。⓰康德說：

　　如果，如爲這些人們所承認的，這些有決定作用的觀念在
　　時間中以及在先行的狀態中有其存在之根據，依此後溯，
　　無有底止，如果是如此云云時，則那「因著一物理法則而
　　必然地決定因果性」的諸原則(諸根據)是否是居於主體之
　　內，抑或是居於主體之外，倘或居於主體之內，這些原則
　　是否是本能的，抑或是爲理性所思議的，這皆是無關的。
　　依是，說這些有決定作用的觀念是内部的，這是無關重要
　　的；說它們有一心理學的因果性，而不是有一機械力學的
　　因果性，即是說，說它們產生行動是藉賴著觀念而產生行
　　動，不是藉賴著身體的運動而產生行動，這亦是無關重
　　要的；它們仍然是如下所說的一個存有底因果性之決定原
　　則，即「其存在是在時間中爲可決定的，因而亦是在過去
　　時底條件之迫使下的，因而，當這主體要去活動時，那些
　　過去時底條件是不復在其力量（掌握）之中的」，這樣一
　　個存有底因果性之決定原則。這樣說來，這些有決定作用
　　的觀念實可函蘊著一心理學的自由（如果我們想去把此詞
　　應用於心靈中的諸觀念之一純然地内部的鍊鎖時），但是
　　〔縱然而此〕，它們卻亦包含著物理的(自然的)必然性，
　　因此，它們並沒有爲「超越的自由」留下餘地，此超越的
　　自由必須被思議爲獨立不依於任何經驗的東西之獨立性，
　　因而結果也就是說，獨立不依於一般地說的「自然」之獨
　　立性，不管這「自然」或經驗的東西是只在時間中所考慮
　　的内部感取之一對象，抑或是在時間與空間中所考慮的外
　　部感取之一對象。⓱

1.3　康德言「超越的自由」之諸意義概說

　　自由一詞的真義是超越的，這是康德的洞見。超越的自由就是絕對意義的自由，它是無條件者。超越的自由作爲康德批判哲學體系的拱心石，其豐富的函義在三大批判中通貫地展開。

　　首先，當在原因與結果底鍊條中，思辨理性想去思考那無條件者，這無條件者就是超越的自由。這就是康德言「超越的自由」的第一個意義。康德在《純粹理性之批判》之「純粹理性底概念」一卷中提出：理性所要求的是現象底可能性底條件之絕對的完整，理性在諸條件底序列的後返地連續的綜和中所實際地尋求的只是「無條件者」。此「無條件者」是存有系列底第一分子，「此第一分子在關涉於過去的時間中被名曰『世界之開始』；在關涉於空間中被名曰『世界之限制』；在關涉於『一所與的有限制的整體』之部分中被名曰『單純者』；在關涉於原因中被名曰『絕對的自我活動』(自由)；在關涉於可變化的東西之存在中則被名曰『絕對自然的必然者』」。⓲康德同時點出：這無條件者(包括關涉於原因而得名之「自由」者)只是一個理念，或毋寧只是一個或然的概念。⓳即是說，超越的自由在理性之思辨使用中只是一個必然的設想。康德在《實踐理性底批判》之「序言」中亦如是說：

　　　　所謂超越的自由，即是說，是那絕對意義的自由，此絕對
　　　　意義即是「思辨理性在其使用因果性之概念中所依之以需
　　　　要自由」的那絕對意義，需要此種意義的自由以便去避免
　　　　那「它所不可免地陷入於其中」的背反，當在原因與結果

底鍊索中它試想去思考那無條件者時。思辨理性只能或然地顯示此自由之概念爲對於思想並非是不可能的，但卻並沒有保證之以任何客觀的實在性；而它之所以顯示自由爲可思議的(爲並非不可能)，蓋只是恐怕這設想的不可能，即「思辨理性必須至少允許其爲可思議的」那東西之設想的不可能，必危及理性本身之存有，而且必把理性投入於懷疑主義之深淵。⓴

在康德的批判哲學體系中，理性是人在其自身中實可發現的一種機能，此機能運行於感性知性範圍內亦獨行於其外，以至於它可遠超乎感性所能給於它的每一東西之上。理性之不同於感性知性，在於理性是一種純粹自動性的機能。㉑因著這純粹的自動性，理性實可從有條件者尋求無條件者，即是說，理性在其思辨使用中顯示自由是可思議的。當然，康德並未忘記提醒他的讀者，思辨理性充其量只能認定自由之理念（當作絕對的自動性底機能看）之可能性，卻並沒有保證之以任何客觀的實在性。

超越的自由，依其宇宙論的意義而言，它是「自發地開始一狀態」的力量。㉒這是康德言「超越的自由」的第二個意義。顯見，這第二意義是緊隨第一意義而至的。康德在《純粹理性之批判》中如是說：

> 我們必須假定有一種因果性，某種東西通過此種因果性而發生，此種因果性之原因其自身不能再依照必然的法則而爲另一「先於它」的原因所決定，那就是說，我們必須假定原因底一種絕對的自發性，單因著此種自發性之自身，那依照自然之法則而前進的現象之系列遂得有一開始。此原因之絕對自發性便即是超越的自由，若無此超越的自由，

甚至在〔普通〕自然之行程裏，原因邊的現象之系列也決
不能是完整的。㉓

又說：

所謂自由，依其宇宙論的意義而言，我理解爲是「自發地
開始一狀態」之力量。因此，這樣的因果性其自身將不居
於另一「在時間中決定之」的原因之下，如依自然底法則
所要求者。依此義而言，自由是一純粹超越的理念，此
超越的理念首先並不含有任何從經驗假借得來的東西，其
次，它涉及一個「不能在任何經驗中被決定或被給與的」
的對象。㉔

上述自由之二義皆未能給自由之概念以客觀的實在性。依康
德之見，在知解的目的上，自由必是超絕的，只能以「不確定地
與或然地被思想」來說明。此或然的自由之概念惟在實踐理性處
能得到客觀的實在性。因爲在實踐的目的上，道德法則足以爲自
由決定其法則，因而它亦首給自由之概念以客觀實在性。從就理
性之知解使用而言的自由之理念之可能性進至就理性之實踐使用
而言的先驗地實踐的自由之客觀實在性，康德將「超越的自由」
之概念發展至道德的領域。可以說，先驗地實踐的自由是康德藉
以打開自由之迷宮的秘鑰；同時是康德賴以建立道德哲學體系的
基石。

依照康德的說法，如果除普遍的立法形式外，沒有其他的決
定原則能爲意志充當一法則，則這樣的意志被思議爲具有獨立不
依於「決定之」之外來原因而即爲有效的獨立性，這樣的一種獨
立性名之曰最嚴格意義的自由，即超越的自由。㉕如此關聯著意
志而言之「超越的自由」，同時即是實踐意義的自由。早在《純

粹理性之批判》中，康德就從「意志底因果性」說實踐的自由。
康德說：

> 顯然，如果感觸世界中的一切因果性皆是純然的自然，則
> 每一事件皆必依照必然的法則在時間中爲另一事件所決定。
> 現象，依其決定意志而言，必會在意志底活動中有其自然
> 的結果，而且亦必會使意志底活動成爲必然的（機械地必
> 然的）。因此，超越的自由之否決必包含著一切實踐的自
> 由之取消。因爲實踐的自由預設：雖然某種東西未曾發生
> 過，可是它應當發生，並預設：既然它應當發生，是故其
> 原因，如被發見於現象領域中者，並不是如此之有決定作
> 用以至於排除了我們的意志底因果性——意志底因果性即
> 是那「獨立不依於那些自然的原因，而且甚至相反於那些
> 自然原因之力量以及影響力，而能產生出某種『依照經驗
> 的法則在時間秩序中而爲被決定者』的東西」的那種因果
> 性，因而也就是說，是那「能夠完全以其自己開始一事件
> 之系列」的那種因果性。❷⑥

康德從「意志底因果性」說實踐的自由，消極言之，此因果
性能夠獨立不依於「決定之」之外來的原因而有效。另方面，因
爲因果性底概念含有法則底概念，它實可引至一積極的概念，即
是說，它是一種依照不移的但卻又是特種的法則（即道德法則）
而活動的因果性。意即：積極言之，實踐的自由就是意志的立法
性。

康德從「意志底因果性」，即從意志底立法性說「超越的自
由」之實踐意義，這是「實踐的自由」的第一義。此外，康德說：
「自由，依其實踐的意義而言，就是決意（Willkür）之獨立不依

於由感性衝動而來的迫束」。❷這是康德關聯著決意（Willkür）而言「超越的自由」之實踐意義，是「實踐的自由」兩義中之另一義。在康德的實踐哲學系統中，實踐之事關涉到意志（Wille）與決意（Willkür）兩層作用，前者是頒布客觀原則之能；後者是決定主觀格準之能，因應這兩層作用之區分，康德言「實踐的自由」亦相應地有兩義：意志之自由與決意之自由。

　　前述自由之積極義與消極義，那是就自由概念之形式的結構而言，即是說，那只是分析地說。我們不能遺忘，康德關於自由之消極義與積極義還有另一種說法，那是批判的說法。康德說：要去預設自由爲一積極的概念，則必須要一智的直覺。❷意即：自由是智的直覺的對象，這是自由之積極意義。同時，康德堅稱人不能有智的直覺，自由不是感觸直覺的對象，這是自由之消極意義。康德堅持「人不能有智的直覺」之主張，因此，依康德之說，盡管可以就「意志之立法」說自由之積極意義，但那種積極意義如果只是分析地說，只是就思辨理性說，則只是設定下的積極意義。

　　如我們所見，在現象與物自身底超越區分之證成中，以及在自由的客觀實在性之推證中，「智的直覺」應是一個關鍵詞項，而康德碰到的眞正困難就在這一詞項上。康德很清楚僅僅從道德概念之分析而逼出「自由」之預設，這對於確立「自由」作爲全部批判哲學之拱心石地位是遠不足夠的，但是，他不承認人有智的直覺，故不能從智的直覺推證「自由」的客觀實在性。

　　我們不會忘記，康德在《純粹理性之批判》中堅稱：概念底客觀實在性之證明必須藉賴著相應於概念的直覺而被作成。但是康德卻唯一特許「自由」之概念繞過「直覺」而轉由道德法則中

顯露,他在《實踐理性底批判》中提出:道德法則是自由的推證原則。康德在《實踐理性底批判》中告訴我們,自由底範疇作為先驗的實踐概念,它們在關聯於道德法則中立刻變成一些認知,而並不需要等待直覺以便去獲得意義。❷但是,康德並未在《實踐理性底批判》中著力於說服讀者接納他的「特許」。事實上,康德把這個問題的解決歸於判斷力之批判。

綜上所述康德言「超越的自由」諸義,以簡表出之如次:

「超越的自由」諸義簡表

── 超越的自由乃自由一詞之真義 ──

<一>分析地說

一、自由的宇宙論意義:(就理性之思辨使用而言)

　　⑴自由是無條件者

　　⑵自由是一種自己產生一事件的能力

二、自由的實踐意義:(就理性之實踐使用而言,自由是意志的因果性)

　　⑴意志(Wille)之自由

　　　消極意義:意志能夠獨立不依於外來的原因而有效

　　　積極意義:意志立法

　　⑵決意(Willkür)之自由

　　　消極意義:決意獨立不依於由感性而來的迫束

　　　積極意義:決意之絕對自發性

<二>批判地說

　　消極意義:自由不是感觸直覺的對象

　　積極意義:自由是智的直覺的對象

【註釋】

❶《純粹理性之批判》下冊，306頁； A547，B575

❷同註一，307頁；A548，B576

❸參看《純粹理性之批判》下冊，316頁；A558，B586

❹《實踐理性底批判》，康306

❺同註一，330頁；A569，B597

❻同註一，328頁；A568，B596

❼《判斷力之批判》上冊，314頁

❽《判斷力之批判》下冊，172頁

❾Kant: "The Metaphysics of Morals", M37

❿同註四，346-347頁

⓫同註四，128頁

⓬有批評家批評康德未首先爲一些概念給出定義，康德曾作出回應，其理由是：在一純粹理性之系統中，概念底定義是正當地被要求的，但是，他的批判著作實是一論方法的論文，而不是這門學門本身底一個系統，只要批判的工作關於每一概念底恰當地位與函義供給了充分的指導，那麼一個完整的詞彙及其必要說明只是一件容易的工作。康德把這工作留給他的讀者。

（參見《純粹理性之批判》上冊，38頁；Bxxiii。213-214頁；A83，B109）

⓭康302頁

⓮康303-304頁

⓯同註四，康306頁

⓰同註四，康306頁

⓱同註四，康304-306頁

⓲《純粹理性之批判》下冊，173頁；A418，B446

⓳同註十八

㉕康127-128頁

㉑參見《道德底形上學之基本原則》，康102頁

㉒同註十八，292頁；A533，B561

㉓同註十八，204頁；A446，B474

㉔同註十八，292頁；A533，B561

㉕參見《實踐理性底批判》，康163頁；《道德底形上學之基本原則》，康93頁

㉖同註十八，293頁；A534，B562

㉗同註十八，292頁；A534，B562

㉘《實踐理性底批判》，康169頁

㉙參看《實踐理性底批判》，康219、220頁

第二章　論自由之理念的可能性
——「超越的自由」之宇宙論意義

2.1　從「現象與物自身之超越區分」說明自由允許被思想

　　康德的批判哲學的全部系統包含著「現象與物自身之超越區分」這樣一個預設。在這個預設下，康德說同一理性有知解的使用與實踐的使用之區分；同一理性的存有有感取界的身分與智思界的身分之區分；同一行動主體之意志有經驗的性格與智思的性格之區分；同一主體機能底運用之法則有自然的法則與自由的法則之區分；概念亦區分開自然的概念與自由的概念。康德作出現象與物自身之超越的區分，是要在現實的自然領域之外，開拓出可能的自由領域。這兩個領域並非互不相干的兩個世界，更不是對立的兩個世界，它們是依兩個不同觀點看的同一個世界。

　　在《純粹理性之批判》中，康德主張時間空間只有經驗的實在性，它們是我們的感觸直覺之純粹形式，「它們應用於對象是只在『對象被視為現象』這限度內始應用於對象，而且它們並不能呈現事物是如『事物存在於其自身』那樣而呈現之。此現象之領域是它們的妥效性之唯一的領域；假如我們越過這領域，則沒有客觀的使用能由它們而被作成」。❶如此一來，康德把現實的

自然定住在時間空間的先驗形式之中，並藉此帶出如「事物存在於其自身」那樣呈現事物的問題。康德在《純粹理性之批判》第二版序言中說：

> 空間與時間只是感觸直覺之形式，因而亦只是當作現象看的事物之存在之條件；又，除當直覺能被給與，給與來以相應於知性之概念，我們便沒有知性之概念可言，結果亦就是說，沒有『事物之知識』上的成素可言；因此，我們不能有任何當作物自身看的對象之知識，但只當這對象是感觸直覺底一個對象時，即，只當它是一現象時，我們始能有對象之知識——凡此一切皆已在此「批判」底分解部分中被證明。這樣，理性之一切可能的思辨知識皆只限於經驗之對象，這實是隨以上所說諸義而來者。但是我們進一步的爭論點亦必須正當地（適時地）被記於心中，即：雖然我們不能知道這些作爲物自身的對象，可是至少我們必須猶能去思考這些作爲物自身的對象；非然者，我們必陷於這悖謬的結論中，即：能有現象而卻無任何「在顯現著」的東西。❷

就「物自身」這一概念的邏輯可能性而言，康德以上的解說是足夠的。誠如康德所言：「我能思我所欲的任何東西，只要我不自相矛盾，即是說，只要我的概念是一可能的思想。這一點對概念之可能性而言是足夠的，縱然我不能擔保在一切可能者底綜集中實有一個對象與此概念相應」。❸既然思考物自身是允許的，也就是說，我們可依兩層意義理解同一對象，即既理解爲現象，同時理解爲物自身。依現象意義理解事物，則事物只是經驗的對象，它服從因果的必然性即是說無自由可言。然而這同一事

物由於屬於物自身，它卻又不是服從因果必然性者，即是說，它是自由的。

　　如我們所見，康德提出現象與物自身之超越區分，其用意是要表明自由之邏輯的可能性。康德說：

> 雖然我不能知道自由，我猶可思維自由；那就是說，自由之表象至少不是自相矛盾的，設若對於我們的兩種表象模式間的批判的分別，即感觸的表象模式與理智的表象模式這兩種表象模式間的批判的區別，有一適當的論述，並且對於知性底純粹概念之終局性的限制亦有一適當的論述時。❹

　　康德在他的《純粹理性之批判》中完成的工作就是對於感觸的表象模式作批判考察，以及對於知性底純粹概念及其原則之終局性作出限制，即是說通過批判限制思辨理性。這限制作用雖然是消極的，但在康德全部批判哲學的構思中，這限制作用實有一積極的極為重要的作用，康德藉著這限制作用替純粹理性底絕對必然的實踐使用(即道德使用)清除障礙。在《純粹理性之批判》中，康德將思辨理性限制在經驗底範圍，是要為純粹理性之道德的使用開路。可以說，《純粹理性之批判》是《實踐理性底批判》的預備工作。依康德所見，如若思辨理性證明自由不允許被思想，即是說自由根本不可能，而投降於自然之機械性，則道德底否定是很可能的。康德如是說：

> 如果我們假定：道德必然地預設自由(嚴格意義的自由)以為我們的意志之一特性，那就是說，如果我們假定：道德給出實踐的原則(根源的原則，適當於我們的理性者)以為理性底先驗與料(先驗故實apriori data)，並假定：

除依據自由之假設，道德之給出實踐的原則必應是絕對不可能的；而如果同時我們又假定：思辨理性已證明這樣的自由不允許被思想（意即根本不可能，實則並不如此）：如是，則前一假設（即在道德方面所作的假設）必要讓位於或屈服於這另一爭議（即「自由不允許被思想，根本不可能」，這一爭辨），這另一爭辨之反面（即自由可被思想這一面)含有一顯明的矛盾(不允許被思想而思之，則思之必矛盾），如是，則自由，以及與此自由相連的道德，必要投降於『自然之機械性』，[而成爲「道德之否定」]，蓋因爲只有依據自由之假設，道德底否定始含有矛盾（始不可能，如若自由根本不可能，不能被假設，而投降於自然之機械性，則道德底否定即不含有任何矛盾，即是説，是很可能的。）❺

證明自由一定至少可允許被思想，這是《純粹理性之批判》的任務，而這一任務之完成全賴「現象與物自身之超越區分」之預設。康德說：

現在，讓我們假設事物之作爲經驗底對象與此同一事物之作爲物自身，這兩者間的區別(我們的「批判」已表示此區別爲必然的）不曾被作成。在此情形下，一切事物一般，當它們是有效的原因時，它們必爲因果性原則所決定，因而亦就是説，必爲自然之機械性所決定。因此，我們不能對於同一存有，例如人的靈魂，説「它的意志是自由的，而卻又服從自然之必然性，即不是自由的」，而無明顯的矛盾。❻

又說：

實在說來，道德並不需要：「自由」一定可被理解（可被知解），它只需要：「自由」一定不要自相矛盾，因而「自由」一定至少可允許被思想，而且它亦需要：當「自由」這樣被思想時，「自由」對於這樣一種自由的活動，即「若以另一種關係(即自然因果之關係)視之，同樣亦符合於自然之機械性」這樣的一種自由的活動，亦決不置有任何障礙。因此，道德論與自然論可各得其所而不相悖。但是，此一義其爲可能是只當一種「批判」已把我們的對於物自身之不可免的無知早已事先建立好，並且已把一切我們所能理論地（知解地）知之者皆限於純然的現象時，才是可能的。❼

現象與物自身之超越的區分不啻是康德的根源洞見。如果這個超越的區分不能被作成，也就是說，一事物之作爲經驗之對象被視爲即是此事物之作爲物自身，則一切事物必爲因果性原則所決定，而不能於一事物之服從自然之必然性之外，同時說此事物之爲「一物之在其自已」是自由的。如此一來，自由不允許被思想，道德底否定也是可能的。

我們見到，康德在《純粹理性之批判》中提出現象與物自身之區分，這區分開始時只是作爲一個預設。如果這個預設單單從「能有現象卻無任何在顯現著的東西」必是一悖論❽而作成，那麼，現象與物自身之區分並不能是超越的。但是，我們知道，康德明確地主張「現象與物自之區分」是超越的。這超越的區分不同於洛克主張的第一性與第二性之分，康德認爲洛克的區分只是經驗的區分。這超越的區分也不是萊布尼茲所說的混暗知覺與清明知覺之分別，康德認爲萊布尼茲的區分只是邏輯的。這超越的

區分也不是主觀性與客觀性的分別，依康德之見，凡現象通過概念的決定即有客觀性。康德所言物自身不是抽象的物質，也不是一個「事實上的原樣」的概念，不是純粹的絕對的客觀性，我們的思辨的理性根本不能理解它，它是一個超絕的概念。❾

　　康德否定思辨理性能理解物自身，是要把物自身從思辨哲學的泥沼中拯救出來，而牢固地安置於實踐哲學的領域上。康德道德哲學之一重要意義就是由「自由」契接物自身。康德經由道德法則推證自由，而由「自由」之客觀實在性之推證保證物自身不至淪爲一空概念，從而透露出一個有價值意味的物自身。

　　在理性的思辨使用中，現象與物自身之區分只是一預設，而在這一預設下，自由至少充許被思想。這只是康德提出超越區分的第一步，預備的一步。第二步，亦即決定的一步在理性的實踐使用中。若果康德未能在他的《實踐理性底批判》中肯斷自由的客觀實在性，從而牢固地建立道德的世界、價值的世界爲絕對存在的世界、眞實存在的世界，那麼，康德所作的現象與物自身之區分並不一定能說是超越的。康德如何完成「自由之客觀實在性」的推證工作，他的工作是否完全確當無誤，這問題擬於第四章討論。

2.2　自由作爲一個「宇宙性的概念」

　　依康德之見，知性底諸概念所決定的是現象，在現象界中一切事物皆服從自然之法則，其中沒有「決定因果關係」的諸條之絕對綜體可被得到。但是，人類理性所盼望者是條件邊的綜和之綜體❿，就是說，理性尋求的是作爲「有條件者之綜和」的根據

的無條件者。這「條件之綜體」、「無條件者」,康德名之曰「一切理性底概念之共名」⑪,又名之曰「宇宙性的概念」⑫,而「自由」作為諸理性之概念中的一個,它是決定因果關係的諸條件之絕對綜體(無條件者)。

在《純粹理性之批判》的「理性之純粹的使用」一節中,康德提出:理性要求諸規律之複多性以及諸原則之統一性,理性要求為通過知性而被得到的有條件的知識尋找那無條件者,並因著此無條件者把那有條件的知識之統一帶至完整之境。即是說,理性的能力關乎系統性、完整性,因而也就是關乎普通性以及必然性。因著理性之能力而有的要求,在原因方面,必須有一「原因之無條件的因果性」,此特種的因果性即「自由」。自由不是一個知性的概念,自由是理性以其特殊的機能為其自己創造一個自發性之理念,這自發性就是「自發地開始一狀態」之力量。

理性自身能自發地創造一個概念,這概念具理性的必然性。這是康德的識見。康德之前,邏輯學家們已經規定理性作為一種「制作間接推理」之能力,但康德提出:間接推理之能力只是理性之邏輯的能力(即形式使用中的能力),依照理性之本性,除邏輯的能力外,理性亦能有另一種能力,那就是其自身亦能產生概念與原則之能力,這能力是理性之真實使用,康德名之曰理性之超越的能力。⑬

理性自身產生的概念不同於知性的概念。康德區分開知性的機能與理性的機能,由此區分開知性的概念與理性的概念。康德說:

> 知性可被視為「藉賴著規律而得到現象之統一」的一種機能,而理性則可以被視為「在原則下得到知性底規律之統

一」的一種機能。依此,理性從不能把它自己直接地應用於經驗或任何對象,但只直接地應用於知性,其直接地應用於知性乃爲的是想藉賴著概念去把一種先驗的統一,一種「可以被叫做是理性底統一」之統一,而且是一種「在種類上完全不同於『爲知性所完成的任何統一』」之統一,給與於知性底眾多的知識(各種知識)。⓮

又說:

理性之超越的概念總只指向於條件底綜和中的絕對綜體,而除在那是絕對地無條件者中,即,在一切關係上是無條件者中,它可以終止外,它決不能有終止。因爲純粹理性把每一東西皆留給知性,單只這知性始直接地應用於直覺底對象,或勿寧說,只直接地應用於那依想像力而形成的「對象之綜和」。理性其自身則專有關於知性底概念之使用中的「絕對綜體」,並且它把綜和的統一(在範疇中被思者)努力帶至完全地無條件者。我們可以把現象底這種統一叫做是理性底統一,而那爲範疇所表示的現象之統一,我們可名之曰知性底統一。⓯

由於知性的機能關涉到現象,因而知性的概念不能超乎感性所能給與它的東西之上,它只不過是那些「只足以用來去把感取之諸直覺置諸規律之下」而得到現象之統一的概念。但理性則不同,理性自身不是一現象,它不隸屬於任何感性條件,它不必理會感觸直覺,因爲它不要知道對象。理性的概念只是一啓發性的概念,而不是一「有實物可指」的概念(ostensive concept)。它不能表明「一個對象如何被構成」,我們不可說理性的概念是對象的一個概念,只可說它是「諸對象概念之通貫的統一」之概

念。康德說：「理性底這些概念（這些『表示諸對象概念底通貫統一』的概念即理念）並不是從自然中引生出的；正相反，我們是依照這些理念來發問自然，並且我們認為我們的知識是有缺陷的，當其不適合於這些理念時」。❻

　　嚴格地說，理性自身產生的概念(理性的概念)不稱之曰「概念」，而稱之曰「理念，以此與知性的概念區別開。因此，康德說：「理性實不能產生任何概念」。❼所謂「理性自身產生一概念」其實義是：理性在從「條件一面要求絕對綜體」之要求中把範疇轉換成一超越的理念。❽在康德哲學的系統中，自由是諸理念中的一個，它是從因果範疇轉換而來的一個超越的理念。

　　從因果範疇轉換而來的「自由」之理念，就知解理性的觀點而言，它如同其他思辨理性之理念一般，它不從自然中引生出，它不直接地關聯任何與之相應的對象，或決定任何與之相應的對象。因此，我們實不能對之作出同於範疇處所作的推證那樣的超越推證。但是，這並不等於說「自由」(及諸理念)沒有絲毫客觀的妥效性，而只是純然的「空洞的思想物」。依康德之見，我們能對於諸理念作一「不同於就範疇所作的推證」之推證。所謂思辨理性之一切理念之超越的推證，其義只在歸結到這樣一個結論：「『總是去依照這樣的理念而進行』這乃是理性底一個必然的格準」。而要達至此結論，必須作出如下兩層表明：一、若當作理性底經驗使用之規律看，理念猶可在一個「理念中的對象」之預設下引我們至於系統性的統一；二、因著引至系統性的統一，它便有貢獻於經驗知識的擴張而決不會違反經驗知識。關於純粹理性之理念的超越推證，康德在《純粹理性之批判》一書中有詳細解說：

設我們對於一先驗概念不能首先給與一「超越的推證」，則我們便不能以任何確定性來使用此先驗概念。純粹理性底理念實不能有如在範疇處為可能的那種「推證」。但是，如果此等理念要想有絲毫客觀的妥效性（不管這妥效性是如何之不確定），而並不是要成為純然的「空洞的思想物」(empty thought-entities: Gedankendinge: entia retionis ratioeinantis)，則對於它們的一種「推證」必須是可能的，不管此推證(如我們所承認)是如何之大異於我們先前對於範疇所能作者。「對於此等理念能作一『不同於就範疇所作的推證』之推證」這一點將把純粹理性之批判工作完整起來，而且亦是我們現在所想要去從事之者。某種東西是否簡單逕直地當作一對象而被給與於我的理性，這其間有一很大的差異。在前一種情形中，我們的概念是被用來去決定對象；在後一種情形中，事實上只存有這樣一種規模，即「對之沒有對象是直接地被給與了的，甚至也沒有一個假然的對象是直接地被給與了的」這樣一種規模，而這樣一種規模只使我們能夠依一間接的樣式去把其他諸對象表象給我自己，即是說，使我們能夠依此其他諸對象之系統性的統一，藉賴著此諸其他對象之關聯於此理念，去把此諸其他對象表象給我自己。如是，我說：一最高睿智體之概念只是一純然的理念，那就是說，此概念之客觀實在性並不是可被認為是存在於「其直接地涉及一對象」中者(因為若是依此意義去了解此概念之客觀實在性，則我們決不能證成此概念之客觀妥效性)。此一概念只是一個「依照理性底最大可能的統一之條件而被構造起」的

規模，即它只是「一事物一般」底概念之規模，此規模只足以去得到我們的理性之經驗的使用中的最大可能的系統性的統一。既然如此，則我們便好像是可從此理念之設想的對象(視之爲經驗底對象之根據或原因)來引生出經驗底對象。例如，我們宣說：此世界中的諸事物必須被視爲是這樣的，即好像「它們已從一最高睿智中取得了其存在」似的。這樣說來，理念實只是一啓發性的概念，而不是一「有實物可指」的概念 (ostensive concept)。它並不把「一個對象如何被構成(如何有如此這般之性質)」這一層表明給我們，但只把「在其指導下，我們應如何去探究經驗一般底對象之構造與連繫」這一層表明給我們。如是，如果我們能表明：這三個超越的理念（即心理學的理念，宇宙論的理念，以及神學的理念），雖然它們並不直接地關聯於任何與之相應的對象，或決定任何與之相應的對象，然而若當作理性底經驗使用之規律看，它們卻猶可在這樣一個「理念中的對象」之預設下引我們至於系統性的統一；又如果我們能表明：既可引我們至於系統性的統一，如是，它們便可有貢獻於經驗知識之擴張，而決不會違反於經驗知識；如果我們能作如上兩層表明時，則我們便可歸結說：「總是去依照這樣的理念而進行」這乃是理性底一個必然的格準。這一義，實在說來，即是思辨理性底一切理念之「超越的推證」，此思辨理性底一切理念不是當作「構造原則」看以便去把我們的知識擴張至比經驗所能給的對象爲更多的對象，乃是只當作「經驗知識一般」底雜多之系統性的統一之「軌約的原則」看，依此軌約的原則，

> 此經驗知識必可更適當地被確保於其自己之範圍內，並可
> 更有效地被改進，即比在這樣的理念之缺無中，通過那純
> 然知性底原則之使用，所可能確保與所可能改進者為更適
> 當地被確保於其自己之範圍內以及更有效地被改進。⓳

依據康德提出的思辨理性底一切理念之超越推證之義，「自由」作為思辨理性的一個軌約理念，其超越的推證也是意在表明：一、「自由」之預設可在原因與結果之鍊條中引我們至無條件者，即引至有條件者之系統性的統一；二、「自由」作為有條件者之系統性的統一與自然（經驗的知識）並不矛盾。

康德在《純粹理性之批判》中正是經由上述兩層表明，以推證「自由」作為思辨理性之一理念有其客觀的妥效性，盡管這妥效性是不確定的，因為若只從思辨理性的觀點說，「自由」只是理性之一個必然的格準，只有主觀的必然性。在康德的哲學體系中，必須進至理性的實踐使用，自由之觀念才能作為「事實之事」而具客觀的實在性。在理性的思辨使用中，自由只是允許被思想的一個理念而已。

2.3 「自由」與「自然的必然性」 兩者可以並存

理性自其本性必然地要求「宙宇事件之從其原因而引生」這引生中的綜體，康德稱這綜體曰「自由」。自由作為一個宇宙論的理念，它是理性的一個必然的格準，此意只就理性的思辨使用而言。思辨理性在其使用因果性之概念中需要「自由」，以此避免它在試想從因果鍊條中去思考那無條件者（即綜體）時不可免

地陷入背反。由此，康德只是經由純粹理性之思辨使用顯示「自由」作爲一個宇宙論的概念對於思想是可能的。隨之而來的問題是：如果自由是可能的，它是否能與自然的因果法則之普遍性一同存在。

我們知道，康德經由知性的分解已表明：自然的必然性不是一個經驗的概念，因爲它既含有必然性之概念，則亦含有先驗知識之概念。另一方面，自由亦不能是一個經驗的概念，因爲縱使依照自由而來的必然結果相反於經驗，自由仍然存在。在自由與自然之必然性之背反中，發生了一種理性的辯證，而就理性之思辨目的而言，自然之必然性顯見較自由更適切，因爲自然作爲一個知性的概念，它能在經驗的實例中必然地證明它的實在性，而自由只是理性的一個理念，它的實在性是很可疑的。但是，康德提醒我們，在實踐的目的上，如果我們要在我們的行爲中使用理性，那麼，我們唯一能依據的是自由。也就是說，我們既不能放棄自然之概念，也不能放棄自由之概念。❷因此，思辨哲學必須致力於展示自由與自然之必然性可以並存。這項工作見之於《純粹理性之批判》。

在《純粹理性之批判》「純粹理性底背反」一章之「第三背反之解決」一節中，康德就「自由與自然之必然性可否並存」這問題給出解答並明示及考量此種解答中的諸因素。茲就康德之考量分三點闡述之。

（一）**現象之「超越的實在性」是一種錯誤的預設**

康德點出：現象之「超越的實在性」是一種通常而錯誤的預設。依照這種錯誤的預設，現象就是物之在其自己，自然是每一事件之完整而充分的決定因，條件與條件之結果只依照自然的法

則而爲必然的。在現象之「超越的實在性」的前提下，任何一個結果都是依照自然而被決定，自由是不可能的。但是康德提醒我們：實不難看出現象之「超越的實在性」的預設是一個有問題的預設。假若我們遵從這個預設，則非但「自由」爲不可能，連「自然」亦不能保留。康德指出，一切事件在自然秩序中是經驗地被決定了的，現象只是可能經驗的對象，這是知性的法則，只有藉賴此法則，現象始能構成一個自然界。「超越實在論」者要逃脫此法則，要把現象置於一切可能經驗之外，如此一來，現象轉成一純然的思想物，自然界亦因此虛幻而保不住。

㈡兩層因果性

康德提出，現象之爲現象只是依照經驗的法則而被連繫起來的表象而已。也就是說，現象只是由感性給予，及由知性之概念所決定的現實上的實是者。那麼，這些現實上的實是者自身必須有那「並非是現象的根據」。此「根據」康德稱之曰「智思的原因」。康德推翻「現象之超越實在性」之預設而代之以「經驗的實在性」與「超越的觀念性」，在這個新的前提下，一種智思的原因產生出來的結果可依兩種不同的關係被發見：「這所產生出的結果在關涉於其智思的原因中可以被看成是自由的，而同時在關涉於現象中它又可被看成是依照自然之必然性而爲由這些現象而結成者」。❷如此一來，我們既可就一事件之顯現爲實是者而說它是依照自然而被這樣決定的，也可就此事件爲一種智思的原因之因果性而說它同時亦基於自由。

依康德之見，當我們要解答「一事件如何發生」這問題時，只有兩種因果性可被思議：一種因果性是依「自然」而成者，它是感觸世界中的某一狀態與那先行的狀態之相聯繫，康德名之曰

「現象界之因果性」，或曰「自然之因果性」，「經驗之因果性」；另一種因果性是由「自由」而發生者，它是一無條件的因果性，康德名之曰「智思的因果性」，或曰「理性之因果性」。就是說，現象領域中每一結果可依兩種觀點看：一、這結果依經驗的因果性之法則而與其原因相聯繫；二、此經驗的因果性其自身卻是一個智思的因果性的結果。兩者同時並存，前者以後者爲根據，而後者亦並未曾絲毫侵犯或破壞前者。

(三)**康德已證明**：自由作爲無條件的因果性是理性之思辨使用所必需的一個理念，也就是說，在保障我們可思議世界之起源的限度內「證明了現象系列底第一開始(由於自由)之必然性」。❷因著該證明，「自發地開始一時間中的系列」之能力亦得以被證明，因而，「把一依自由而活動這一活動之能力歸諸它們各自的本體」是可充許的。❷隨之而來，我們可說：對於一個擁有「依自由而活動之能力」的存有而言，其因果性可依兩個觀點而被看待，他作爲活動的主體亦可有兩重性格。康德說：

> 我們必須對於這樣一個主體底能力之因果性既要去形成一經驗的概念，又要去形成一理智的概念，並且要視這兩個概念爲涉及一同一結果者。這雙重方式，即「思考一『存在於一感取之對象中而產生此對象』的能力」這思考之雙重方式並不與我們關於現象以及關於一可能經驗所須去形成的任何概念相衝突。何以故如此，這是因爲以下的緣故而然，即：因爲現象並非物自身，是故現象必須基於一「超越的對象」上，此超越的對象決定現象爲純然的表象；因此，茲並沒有什麼東西可以阻止我們，使我們不能把一種「不是現象(雖然其結果須在現象中被遇見)」的「因果

性」歸給此超越的對象，即在此超越的對象所因之以顯現
而成爲現象的那種性質以外，再把一種不是現象的因果性
歸給此超越的對象。每一有效的原因必須有一種性格，即
是說，必須有其因果性底一個法則，若無此因果性底法
則，它必不能是一原因。因此，依據以上的假設，我們必
須在一「屬於感觸世界」的主體中首先有一經驗的性格；
因著此經驗的性格，此主體底活動，當作現象看，是依照
不可更變的自然法則而與其他現象有通貫的連繫。而因爲
這些活動能從其他現象中而被引生出，所以它們與其他現
象合在一起構成自然秩序中一個唯一的系列。其次，〔除
那經驗的性格外〕，我們定須也要允許這主體有一智思的
性格，因著此智思的性格，這主體實是那些「當作現象
看」的活動之原因，但是這智思的性格本身卻並不處於任
何感性底條件之下，因而其自身亦並不是一現象。我們可
名前者曰現象領域中的事物之性格，而名此後者曰「作爲
物自身」的事物之性格。❷

　　依康德之見，我們必須允許一個有「依自由而活動之能力」
的存有有兩種性格。當這活動主體當作現象領域中的原因看，它
的一切活動以不可化解的依待性而與自然連繫在一起，於此，我
們見到該活動主體的經驗性格。但是，由於該主體擁有「依自由
而活動之能力」，因此，這主動的存有依其活動而言必須獨立不
依於感觸世界中的自然必然性，於此，我們必須允許該主體有一
智思的性格。也就是說，同一個擁有「依自由而活動之能力」的
存有必須允許被視爲一個「經驗的主體」，同時亦視爲一個「超
越的主體」。經驗的主體決定現象依照什麼路數始能充作原因，

它必須遵循自然之規律而不須關心現象以及現象之聯繫的超越根據。超越的主體則不同，因為超越的主體是一智思物，它不能有「需要時間中的力學的決定」的變化，它不處於任何時間條件下，它亦不能有依待於現象之依待。用中國哲學的詞語說，超越的主體是「動而無動，靜而無靜」㉕的常體。超越的主體關心的是現象以及現象之連繫的根據，此根據是智思的，它不須在經驗的探究中被考慮。如此一來，康德可說：就諸活動涉及其感觸的原因而言「自然」，同時就該活動涉及其智思的原因而言「自由」，自然與自由兩者實可同時並存於諸活動中而無任何衝突。㉖

　　以上關於「活動主體的兩重性格」的說明，是就理性的思辨目的而言，也就是說，那個說明只是「充許被思想」之說明，而並非一個關於「客觀實在性」之推證。在自然的領域，惟現象能夠依照自然法則而有一完整的自然因果的說明，這些現象之純粹經驗的性格必須被視作說明的最高根據，而智思的性格作為經驗性格之超越的原因，它只有關於純粹知性中的思想。故康德說：「除『經驗性格用來充作智思性格底感觸符號』這限度以外，這智思性格可任其完全在討論之外而為完全不被知者」。㉗但是如果有誰因此而斷定康德主張「不可知論」，那麼，他一定因結論下得過早而曲解康德。康德所以堅稱人類的知性不可知智思物，旨在保障智思物可與自然同時並存。即是說，康德在該處旨在取得智思物之邏輯可能性的證明，這只是康德哲學全系統的一個初步工作，如何從這步初步工作進一步尋求智思物之客觀實在性的說明，才是康德工作的標的。

　　康德確定「智思物」之客觀實在性不可依自然之必然性之路尋求，因而轉進理性之實踐目的上的自由之路去安立「智思界」，

經由實踐理性之批判，康德在道德法則中見到自由的客觀實在，其餘兩個智思界的理念(上帝與靈魂不滅)亦因著把它們自己附隨於這自由之理念而得到其穩固性與客觀的實在性。❷由此，康德確定：智思物的王國是道德的王國。一切於思辨理性中尋求智思物之客觀實在性的企圖注定要失敗。

事實上，早在《純粹理性之批判》的「第三背反之解決」一節結尾部分，康德已經指示出經由自由之實踐意義尋求智思物之客觀實在性的道路，盡管《純粹理性之批判》一書的任務並未進至要去建立自由之實在性。在該部分，康德將「活動主體的兩重性格」應用於人：人作為現象看，他的意志有一經驗的性格，此經驗的性格必須從那些作為「意志之結果」的現象中被發現，康德說：「如果我們能窮盡地研究人們底意志底一切現象，則必不會被發見有一個人類的活動我們不能確定地預斷之而且不能認可其為必然地從它的先在條件而進行者(而來者)。依是，言至此，就此經驗的性格而言，茲並無所謂自由」。❷但是，人是理性的存有，因而亦就是說，人同時必須當作一睿智體，人作為睿智體看，他的意志有一智思的性格。理性（就其實踐的使用而非就其思辨的使用而言）其自身是產生活動的原因，理性之因果性，依其智思的性格而言並無「時間的承續」，它並不是通過時間中先在的外部根據或內部根據而在自然原因之鍊條中力學地被決定，因此，它是「致生或創發一事件系列」之力量。❸康德於此言自由之積極意義，即點示出：自由之概念之實在性必須在理性之實踐使用（即道德的使用）上取得證明。

【註釋】

❶《純粹理性之批判》上冊，146-147頁；A39，B56

❷《純粹理性之批判》上冊，40-41頁；Bxxvi，Bxxvii

❸同註二。

❹同註二，42頁；Bxxviii

❺同註二，43頁；Bxxix

❻同註二，41頁；Bxxvii

❼同註二，44頁；Bxxix

❽同註二，41頁；Bxxvii

❾參看牟宗三著《現象與物自身》（臺灣學生書局，民國79年三月初版），3-7頁。

❿《純粹理性之批判》下冊，45頁；A324

⓫同註十，163頁；B424

⓬參見《純粹理性之批判》下冊14頁；A299

⓭同註十，17-18頁；B359

⓮同註十，46-47頁；A326，B383

⓯同註十，420頁；A645，B673

⓰同註十，165頁；A409，B436

⓱同註十六。

⓲同註十，450-452頁；A669-671，B697-699

⓳參見《道德底形上學之基本原則》，第三節(5)，康107-108頁

⓴同註十，295頁；A537，B565

㉑同註十，208頁；A450，B478

㉒同註十，209頁；A450，B478

㉓同註十，296頁；A538-539，B566-567

㉔周濂溪語，見《通書》。

㉕同註十，300頁；A541，B569

㉖同註十，304頁；A545，B573

㉗《實踐理性底批判》，康128

㉘同註十，308頁；A550，B578

㉙同註十，312頁；A554，B582

第三章　自由與意志——
自由之實踐意義

3.1　自由從一宇宙性的概念
轉到實踐的概念

「自由」是理性之一個必然的概念（即理念），它是因著理性自身之本性而被置定，對於這個必然的概念，沒有相應的對象可被給與於感官經驗中，它作爲絕對綜體之一個概念，從未能相應地在具體現實中被給與。《純粹理性之批判》辯證部之批判即在表明此義：在理性之思辨的使用中，理性的概念只是一理念，我們不能在經驗條件下去決定理念之現實性。但是康德同時提醒我們：在實踐理性中，理性的概念不能輕蔑地被說爲「它只是一個理念」而已。康德說：

> 我們可以這樣說：一切現象底絕對整全只是一理念；此蓋因爲我們從不能把這整全表象之於影像（形像）中，是故此整全猶仍是一個「對之無解答」的問題。但是因爲另一方面，在理性底實踐使用中，我們所唯一關心的就是關心於「規律之貫徹或實行」，所以實踐理性底理念總能在具體中現實地被給與，雖然只是部分地被給與；實在說來，理念是理性底一切實踐使用之不可缺少的條件。此理念之實踐總是有限制的而且是不完全的（有缺陷的），但卻並

不被封於可決定的界限內，因此，此理念之實踐總處於
「一絕對完整」之概念之影響下。因此，這實踐的理念總
是極高度地有成果的，而在其關聯於我們的現實活動中，
它又是不可缺少地必要的。在這裏，理性實表現了因果作
用，因爲它把其概念所包含的東西現實地產生出來；因
此，關於這樣的智慧，我們不能輕蔑地說：它只是一理
念。反之，恰因爲它是一切可能的目的底必然統一之理
念，所以它必須當作一個根源的條件，至少也當作一個有
限制作用的條件，而在一切有關於實踐者的事中充作「規
律」(Regel)。❶

　　依康德之見，理性機能有兩種使用：一、思辨的使用；二、
實踐的使用。在思辨的使用中，理性只是爲的要想去把「其指向
於某種『知性自身對之無任何概念』的統一」規劃給知性，而我
們不可能對這統一之「整全」有任何知識。但是，在實踐的使用
中，理性及其概念(理念)關心的是實踐主體的活動「規律」。純
粹實踐理性之概念作爲「一絕對完整」之概念，必須在一切有關
於實踐者的事中充作「規律」，它作爲規律影響實踐者的活動，
則它便在具體中現實地被給與。盡管我們仍然不能對那「統一所
依以爲其原因的存有之內部性格」有知識，我們並不能因此否認
那作爲「規律」給與我們的理念之實踐的客觀實在性。

　　「實踐理性之理念能在具體中現實地被給與」之證明，正是
康德在《實踐理性之批判》要完成的工作。在進至該問題的討論
前，重溫一下康德對於理性之思辨使用的限制是必要的。康德經
由純粹思辨理性之批判得出一個結論：在思辨的使用中，諸理念
從不能現實地達到。康德說：

如果我們視理念為一真實物之肯斷，或縱使退一步，視之為一真實物之假定，這樣，我們便可進而去把世界底系統性的秩序之根據歸因於此真實物，如果我們是如此云云時，則我們便誤解了此理念之意義。正相反，那「逃避了我們的概念(意即為我們的概念所不及)」的那個根據依其自己所有的固具構造(本性)而言可是什麼，這乃是完全存而不決的；理念只當作一個觀點而被置定，單由此觀點，那種統一，即「對於理性是如此之基要而對於知性又是如此之有利」的那種統一，始能進一步被擴張。總之，此超越的東西只是軌約原則底規模(規模底類似物)，因著此規模(規模之類似物)，理性，就其處於其力量之內而言，它把系統性的統一擴張至全部的經驗領域。❷

　　康德在理性之思辨使用上提出「理念只是一軌約原則」，目的是要將它與條件系列之絕對綜體的原則區別開。所謂「條件系列的絕對綜體的原則」必應是一構造性的宇宙論的原則，而我們實不能有這樣的構造原則，因為通過宇宙的綜體原則而被給與的感觸世界中無條件系列之「絕對綜體」只能視為一物自身，我們不能對這物自身有知識。康德說：

　　　　我主張超越的理念決不許有任何「構造的使用」。當依那種錯誤的樣式(即依構造使用之樣式)而視之時，因而也就是說，當視之為可供給某種對象之概念時，它們不過只是「假合理的」(vernunftelnde，詭辯的)概念，即只是辯證的概念。可是另一方面，它們有一優異的，而實在說來亦是不可缺少地必要的「軌約的使用」，即是說，有一「指導知性趨向於某種一定的目標」之使用，此一定的目標是

由知性底一切規律所標識出的路線所向之輻輳者，好像是
向著其交割點而輻輳一樣。此一交割點實只是一純然的理
念，一想像的焦點，知性底概念實並不從此想像的焦點開
始著手進行，蓋因爲此焦點居於可能經驗底界限之外故；
可是縱然如此，此焦點卻足以去把那「與最大[可能的]擴
展相結合」的最大[可能的]統一給與於這些概念（即知性
之概念）。❸

依康德之見，我們沒有理由想去知「我的理念之對象在其自
身是什麼」。我們沒有任何概念可供以去知物自身，甚至實在、
常體、因果、存在中的「必然性」等概念若果冒險地越過感觸領
域之外，它們都要喪失一切意義，淪爲空概念而完全無內容。❹

自由作爲諸理念之一，在純粹思辨理性之批判中，它亦只是
一軌約原則。康德說：

當理性自身被看成是有決定作用的原因時（此如在自由中，
即在實踐原則之情形中），則我們即須這樣去進行，即儘
若我們已有一純粹知性之對象，而非一感取之對象，在我
們眼前。在此實踐的範圍中，諸條件不再存在於現象底系
列中；它們能在此系列之外而被置定，而狀態底系列亦因
而能被視爲儘若它有一絕對的開始，即通過一智思的原因
而有一絕對的開始。凡此一切皆表明諸宇宙論的理念沒有
別的，不過只是一些軌約原則，它們很不足以依構成原則
之樣式去置定這樣的系列底一個現實的綜體。❺

自由之理念作爲一個軌約原則，它不足以依構成原則之樣式
去置定一個現實的「絕對的開始」，即是說自由不能作爲一感取
之對象。我們不能肯斷自由爲一眞實物，甚至不能視之爲一眞實

物之假定。在純綷思辨理性之批判中，康德限定自由之理念是一個軌約原則，這限定對於防止獨斷論是有益的，必要的。但是，若然有人因此誤認爲康德批判哲學的目的止於此限定，那麼，他就是未能通貫地把握作爲一整體的康德三大批判。因爲康德所以在思辨的目的上限制理念爲一個軌約原則，正是要恰當地轉到實踐的目的上去證明自由之理念是一個構造原則。康德在《判斷力之批判》中說：

> 純粹理性，即「被視爲是一實踐能力」的那純粹理性，那就是說，「被視爲是一種決定我們的『因著理念或純粹理性之概念而成的因果性之純粹使用(自由使用freien Geb-rauch)』的能力」的那純粹理性，它不僅在其道德法則中具有一原則是我們的行爲之軌約原則，而且藉賴著那道德法則，它同時復供給另外一個原則，此另外一個原則，從一主觀的觀點來看，乃是一構造原則。此一構造原則乃是被含於這樣一個對象之概念中者，即這對象乃是「只有理性始能思之」者，而且它是要通過我們的行爲之符合於那道德法則而可被眞實化於世界中者。❻

康德否決自由之理念爲思辨理性上的一眞實物，轉而進至實踐領域尋求自由的客觀實在性。這是康德的洞見，藉此洞見，康德可宣稱：自由之理念不單是一個宇宙性的概念，不單是一軌約原則。自由必須從一宇宙性的概念轉至實踐的概念，因而也就是說，要從一軌約原則轉至一構成原則，我們才可以證明：自由作爲一個實踐理性之理念能夠在具體中現實地被給與，而其餘諸理念(上帝，靈魂不滅)亦因著「自由實際地存在著」而得到其客觀的實在性。❼爲完成這項證明，康德從《純粹理性之批判》進至

《實踐理性底批判》。

康德在《實踐理性之批判》序言及引言中清楚地表明《實踐理性底批判》之工作與《純粹理性之批判》不同之要點。《純粹理性批判》是要就思辨理性之純粹機能本身作審察，以便防止它擅自越出經驗範圍之外。因此，在《純粹理性之批判》中，我們見到只有「知性的概念」有客觀的實在性，並且那實在性是經驗的實在性。《實踐理性底批判》的工作則不同，它不必審察實踐理性之純絲機能本身以防止它擅自越出經驗範圍之外，恰恰相反，康德只要對於「一般地說的實踐理性」作一批判的考察，以阻止經驗地制約的理性擅自要求專一地決定意志，並展示「單只是純粹理性自己，而並非是經驗地限制了的理性，是不可爭辯地實踐的。❽也就是說，單單純粹理性自身足以決定意志。

康德嚴格區分理性之兩種不同使用。純粹理性在其思辨的使用中是經驗地制約的，如守此限制，則它是「內在的」，如越此限制，則成「超絕的」。以此相反，純粹的實踐理性的使用是「內在的」，即有實踐上的客觀實在性，而實踐理性之經驗地制約的使用(此使用擅自要求成為最高無上者)反成「超絕的」。❾

依康德之見，自由之理念的客觀實在性只能是實踐的。我們要證明自由的客觀實在性，並不必去證明自由是現實上的實在物，而是要在意志之決定中，即在實踐之事中，證明自由是「事實之事」。康德提醒我們：他言「自由的客觀實在性」，這實在性並不函著「諸範疇之任何知解的決定」，亦不函著「我們的知識之擴及於超感觸者」，其所意謂者是：一個對象可歸屬於這些範疇，或是因為這些範疇先驗地含在意志底必然決定中，或是因為這些範疇不可分離地與此意志底對象(最高善)相連繫。❿要理

解康德關於「自由的客觀實在性」的證明，必須把握理性的思辨使用與實踐使用之區分，並因而清楚康德對於「經驗的實在性」與「實踐的實在性」所作的區分。就現象界而言「經驗的實在性」，就本體界而言「實踐的實在性」，兩者互不干擾而同時並存。假若對這種區分沒有了解，或者不接受這種區分，那麼，他難免要埋怨康德在兩個批判中並不一致。

3.2　意志(Wille)自由

康德在《純粹理性之批判》中限制了自由之理念的思辨使用，也就是否決了從理性的思辨機能去尋求自由的客觀實在性之可能性。因著這個否決，康德在自然的領域之外為我們展示出另一個領域，那就是實踐的領域，亦即道德的領域。⑪在實踐的領域中，自由作為意志因果性之特性，我們所需要證明的只是自由這一特性事實上實屬於人類意志（因而亦即屬於一切理性存有之意志）。為著實踐的目的（道德的使用之目的），我們實在並不必要對那擁有自由機能的超感觸存有具有知識，即是說，我們並不要知道自由因果性所附屬之的對象是什麼，因而，在實踐的目的上，我們不必耽心理性越過經驗的限制，恰恰相反，我們是要證明實踐理性能獨立不依於經驗而自身即足夠去決定意志。康德在《實踐理性底批判》中說：

> 現在，一個「有自由意志」的存有之概念就是一個作為智思物的原因之概念；而「此概念不含有矛盾」這一點，我們早已因以下之事實而確保之，即「因為一原因之概念完全從純粹知性中而生起，而且有其為「推證」所確保的客

觀實在性，又由於在其起源上它是獨立不依於任何感觸條件的，是故它並不被限制於現象（除非我們對之要求作一確定的知解使用），且亦可同樣被應用於那些『是純粹知性底對象』的事物」，即因著如此云云之事實，我們得確保那作為智物的原因之概念不含有矛盾。但是，因為這種應用（即上句「應用於那些是純粹知性底對象的事物」之應用）不能基於任何直覺上(因為直覺只能是感觸的)，所以作為智思物的原因，就理性之知解使用而言，雖然它是一可能的而且是可思的概念，然而它卻是一空洞的概念。現在，我不是因著此作為智思物的原因之概念渴望去知解地了解一存有之本性（只要當此存有有一純粹意志時）；「因著此概念去如分地指示此有一純粹意志的存有，因而去把因果之概念結合之於自由之概念（並且結合之於那與自由之概念為不可分離者，即結合之於道德法則，作為自由意志之決定原則的道德法則）」，這在我已經足夠。現在，這個權利，我是因著原因概念之純粹而非經驗的起源而確然有之，因為[在此]我不認為我自己對於原因概念有資格去作任何使用，除在涉及那「決定其實在性」的道德法則中去使用之外，那就是說，除只是一實踐的使用外。⓬

　　依康德之見，單單在道德法則中我們有權使用純粹而非經驗的原因概念（即作為智思物的原因之概念），並且，在實踐的使用（即在道德法則的使用）中，我們能因著作為智思物的原因之概念而把意志因果性之概念與自由之概念相結合。這就是說，如果我們人類作為一理性的存有，從我們自身的智思界身分說，我們的意志是自由的。康德言「自由的客觀實在性」，其意謂：一

個理性存有，依其智思界的身分而言，他的意志之決定根據只是實踐規律之純然形式(即道德法則)而沒有預設任何經驗影響，這是一個理性的事實。由此可見，康德討論「自由的實在性」，是與理性存有作爲智思物的意志及道德法則有關。要了解康德對於自由的客觀實在性的推證，就要了解康德關於意志自由的論說，以及康德關於自由與道德關係的說明。

我們知道，在康德哲學中，意志是這樣的一種意欲機能，如其爲意欲機能，它只通過或經由概念(包括自然概念及自由概念)而爲可決定，即是說它只依照一目的之表象而有活動。❸如果意志通過自然之概念而爲可決定，則這意志是經驗的意志（現實的意志），這是「使人依待於自然」(通過感性之衝動而依待於自然)的意欲機能。在關於這意欲機能中，人之存在價值是依靠於人所接受者或所享受者。❹如果意志通過自由之概念而爲可決定，則這意志是自由的意志（睿智體的意志），這是高級的欲望機能。在這意欲機能中，「人之存在底價值乃是這樣的價值，即這價值乃單只是人所能給與於其自己者，而且這價值亦正存於人之所爲者，正存於『人在意欲機能（意志）之自由中活動』所依靠的那樣式以及所據的那原則，這價值亦並不可被視爲是自然底連鎖中之一環」。❺

自由是睿智體的意志之特性，自由底因果性之決定根據含在智思物中。❻這是康德自由學說的一個根源洞見，假若忽視這一點，或者拒絕接受它，那麼，我們根本無法進入康德自由學說的討論。以下就康德關於意志自由的論說分五點闡述之。

㈠自由作爲一實踐概念之定義

自由作爲一個實踐的概念，其涵義康德於《道德底形上學之

基本原則》(以下簡稱《原則》)一書有明確規定。康德說：

> 意志是「屬於有生命的存有之當其是理性的存有時」的一種
> 因果性，而自由則必即是這種因果性底這種特性，即「此
> 因果性能夠獨立不依於『決定之』之外來的原因而即爲有
> 效的」這種特性；這恰如物理的必然性是一切非理性的存
> 有底因果性所有的那種「因著外來原因底影響而被決定至
> 活動」之特性。
>
> 以上自由底界說是消極的，因此它在自由底本質之發見上
> 亦是無結果的；但是它可引至一積極的概念，這卻是十分
> 豐富而有成果的。因爲因果性底概念含有法則底概念，依
> 照這法則，因著某種我們叫做原因的東西，某種別的東
> 西，即，結果，必須被產生；因此，雖然自由不是那依於
> 物理法則的意志之特性，但亦不因此而即爲無法則；反
> 之，它必須是一種「依照不移的但卻又是特種的法則而活
> 動」的因果性；非然者，自由意志必是一個荒謬背理的概
> 念。**⑰**

依康德之說，自由作爲一個實踐的概念，從消極的意義上說，它是屬於有生命的理性存有的意志的一種能夠獨立不依於「決定之」之外來原因而即爲有效的因果性。從積極的意義上說，它是一種「依照不移的但卻又是特種的法則(道德法則)而活動」的因果性。就是說，意志自由即是「意志對其自己是一法則」。**⑱**簡言之，消極地說，自由是意志「獨立不依於感觸界底決定因」這獨立性；積極地說，自由是意志之立法性。

㈡意志自由即意志自律——意志自由是由意志自律批判地假定的一個設準

「意志對其自己是一法則」這命題只表示這樣一個原則：只應依照這樣的格準，即「它同時亦能以『作爲一普遍法則的它自己』作爲一對象」這樣的格準而行動，除依照這樣的格準而行動外，不能再有別樣的格準可依。⓳這個原則康德稱之謂「意志自律原則」。因此，康德說，意志自由除自律外不能是什麼別的東西。

在提出「意志自由」之前，康德於《原則》第二節首先由道德之概念分析出「意志自律」。我們知道，意志自律作爲道德的最高原則（道德的基礎），在《原則》第二節中是因著對普遍被接受的道德之概念的普遍性，先驗性，必然性而分析地逼至的。《原則》第二節的工作純然是分析的，意即：不管是誰，只要他承認道德是眞實的東西而不是一無任何眞理性的虛幻觀念，則他必同樣承認意志自律之原則。但是，這只是分析地說，即只是理上說是如此，到底人類作爲一理性存有其意志(實踐理性)是否有能力相應於這意志自律原則之爲眞實(道德之爲眞實)，這仍然是有待證明的。康德在《原則》一書中並未急於給出證明（這項工作留給《實踐理底批判》），他只是首先點出：如果要證明意志之自律是眞的，道德不是一虛幻觀念，那麼，唯一要證明的是：意志（實踐理性）實有自由之機能。這步工作必須留給實踐理性之批判考察。在《原則》一書中，「意志自由」只是由意志自律批判地假定的一個設準。

㈢意志自由之預設只對「除在自由之理念下活動外不能有活動」的存有而有效

關於「意志自由」之預設，康德在《原則》第三節中有一個重要說明。康德說：

由於道德對我們堪充爲一法則是只因爲我們是理性的存有始如此，所以道德亦必須對一切理性的存有皆有效；又由於道德必須單只從自由之特性而被推演出，所以「自由亦是一切理性存有底一種特性」這也必須被表明(被證明)。依是，從某種設想的人性之經驗去證明自由，這是不夠的，（實在說來，這是完全不可能的，自由只能先驗地被表明），但是，我們必須表明：自由是屬於稟具有一意志的一切理性存有底活動的。現在，我說：每一存有，即「除在自由之理念下活動外不能有活動」，這樣的每一存有，就一實踐的觀點說，亦正單因此故，即只能在自由之理念下活動之故，他才真正是自由的，那就是說：一切與自由不可分地相連繫的法則，對於他皆有同樣的力量，好似他的意志已因著一種「理論地(知解地)有結論的證明」而被表明爲其自身即是自由的。現在，我肯定：我們必須把「理性存有亦有自由之理念而且完全在此理念下活動」歸給那有一意志的每一理性存有。因爲，在這樣一個存有中，我們能思議一種理性它是實踐的，即是說，一種理性它在涉及它的對象中，有一種因果性。❷

康德實在是要提醒我們：「意志自由」之預設要作爲意志自律之爲真（道德之爲真）之保證，它不能是一個隨意的預設，它不能是基於人性之經驗上的一個設想。意志自由之預設只對一個「除在自由之理念下活動外不能有活動」的存有而有效。也就是說意志自由之預設只對理性存有（如我們人類）之智思界自分而有效。

㈣**當我們思議自己是自由的時，我們是視自己為智思界之一**

分子

　　每一理性的存有，單因著「只能在自由之理念下活動之故」，他才眞正是自由，因此之故，我們人類作為受感性影響的理性存有，當我們思議自己是自由的時，我們必定是視自己為一睿智體而認我們自己為智思界的一分子。康德說：

> 一個理性的存有必須當作一睿智體（因而並非從他的較低機能一面）認其自己為屬於知性界（智思界）而不屬於感觸界(感取界)者，因此，他有兩個觀點由之以看其自己，並由之以認知其機能底連用之法則，因而結果也就是由之以認知一切他的活動之法則：第一觀點，就他屬於感取界而言，他見其自己服從自然法則（他律）；第二觀點，由於屬於智思界，他又見其自己受制於這樣一些法則，即這些法則由於獨立不依於自然，故並非於經驗中有其基礎，但只是於理性中有其基礎。

> 由於是一理性的存有，因而結果亦就是說，由於屬智思界，人不能不依自由底理念之條件思議其自己的意志之因果性（意即除依自由底理念之條件思議其自己的意志之因果性外決不能依別法思議之），因為「獨立不依於感觸界底決定因」這獨立性便是自由(這一獨立性乃是理性所必須總是歸給其自己者)。現在，自由底理念是不可分地與自律之概念連繫於一起，這普遍原則理想地說來是理性存有底一切活動之基礎，恰如自然之法則是一切現象之基礎。㉑

　　因著康德所作的「現象與物自身之超越區分」，一個理性的存有有兩個觀點——感取界的觀點與智思界的觀點——由之以看自己及由之以認知其機能底連用之法則。現實上，我們人類的意

志是受感性影響的，對現實的人而言，單只是理性必會去作者並不常是被作成者，也就是說，我們現實上不能只在自由之理念下活動。但是，縱然如此，依然不能阻止「一切人皆把意志之自由歸屬給他們自己」。㉒康德說：「縱使經驗表示出與那『依自由之假定被認爲是自由之必然結果』的東西相反，自由仍然存在」。㉓這就是說，對受感性影響的理性存有而言，自由是道德的應當，而並非必然地自願。

　　具有感性身分的人，同時因著思議自己爲智思界的一分子而是自由的，這主張並不矛盾。因爲人縱然受感性影響，但人類有理性的機能，這理性的機能其恰當的功用就是將「獨立不依於感觸界底決定因」之獨立性，即自由，歸給其自己。爲著支持這一主張，康德給出一個例證：

　　　世上沒有一人，甚至是極惡之人，（設他依別路習於理性
　　　之使用），當我們在他面前舉出心志正直底範例，緊守良
　　　善格準底範例，同情以及一般仁愛（甚至連帶著利益與舒
　　　適方面底重大犧牲）底範例時，他竟不願他也有這些品質。
　　　只因他的性好與衝動之故，他始不能在他自己身上達到這
　　　種品質（不能有之於其自身），但同時他亦願望從那些對
　　　於其自己爲重累的性好與衝動中解脫出來。因著這樣一種
　　　願望，他證明：以其從感性底衝動中解脫出來的意志，他
　　　在思想中把他自己轉移至一個「與他的感性領域內的欲望
　　　底秩序完全不同」的事物之秩序中；因爲他不能因著那種
　　　願望期望去得到他的欲望之任何滿足，亦不能期望去得到
　　　那「必會滿足其任何現實的或設想的性好」的任何地位(處
　　　境)，（因爲這樣的期望必毀壞了這理念，即「在他身上艱

苦建立起那個願望」的理念之卓絕性），所以他只能期望
他自己人格底一個較大的內在價值。但是，當他把他自己
轉移到智思界一分子底觀點上時，他始想像他自己可成為
這較好的人格，他是非自願地為自由之理念，即為「獨立
不依於感取界底決定因」這獨立性之理念所驅迫而轉至此
觀點；從此觀點，他意識到一個善的意志，而因著他自己
的誓願，這善的意志為這壞的意志，即他所有之以為感取
界一分子的那壞的意志構成一法則──這法則，當冒犯它
時，他便認識了它的威權。㉔

　　康德肯斷：每一個人(縱使是極惡的人)亦願望從那些對他自
己為重累的性好與衝動中解脫出來，亦期望自己的人格有較大的
內在價值。這是基於理性上的一個肯斷，此肯斷不能由經驗的歸
納得出。如同孟子言「今人乍見孺子將入於井，皆有怵惕惻隱之
心」，「無惻隱之心，非人也」(公孫丑章句上)。從人皆有「人
格內在價值」的期望，康德進而說：每一個人因著這期望，即表
明他為自由之理念所驅迫而轉移到智思界一分子之觀點看自己。

㈤「意志自由如何可能」這問題越過理性的界限

　　從上述第四點，我們知道，康德以每一個人實對「人格價值
本身感興趣」這一肯斷支持他關於人可以智思界的觀點看其自己
之主張。人實對「人格價值本身感興趣」，也就是人實是感興趣
於道德法則。但是，我們不能滿意地解答：我們為什麼把自己從
一切經驗興趣中撤離而單單對人格價值本身感興趣。我們終究不
能解明人所能有之於道德法則的興趣，因而也就是說，我們不能
解明「意志自由如何可能」。

　　康德說：「理性如果它要從事於去說明『純粹理性如何可能

是實踐的」（此問題完全同於去說明『自由如何是可能的』），它必越過一切它的界限」。❷這點出了理性之本質的限制。康德在《原則》之結語中如是說：

> 理性在關於自然方面之思辨的使用，引至世界底某種最高原因之絕對的必然性：理性之在自由方面之實踐的使用，亦引至一種絕對的必然性，但這只是一個理性存有底行爲法則之絕對必然性。不管理性如何使用，把它的知識推到其必然性之意識，這乃是理性之一本質的原理。（無此必然性，那必不能是理性的知識）。但是「理性既不能辨識『那存在者』或『那發生者』之必然性，亦不能辨識『那應當發生者』之必然性，除非一個條件被假定，依據此條件，它始存在或發生，或應當發生」這一情形亦是這同一理性之一同樣地本質的限制。但是，在這路數中，因著對於條件之恒常不斷的追究，理性底滿足只是延後而又延後的。因此，它不停止地尋求那無條件地必然的東西，並見它自己被迫著不得不去假定這無條件地必然的東西，雖然它無任何方法足以使這無條件必然的東西成爲可理解的，但只要它能發見一個概念，此概念契合於這假定，它亦就很夠愉快的了。❷

依康德之見，理性之本質的原理是要引至一種絕對的必然性：在關於自然方面，引至世界底某種最高原因之絕對必然性；在關於自由方面，引至理性存有底行爲法則之絕對必然性。但是理性在其本性之追求中有一本質的限制，這就是：理性（無論是思辨的或是實踐的）必須假定一個條件，即發見一個概念而以之爲設準，藉此條件（設準），那「存在者」或那「發生者」及「那應

當發生者」始存在或發生，或應當發生。「自由」就是實踐理性在追尋行為法則之絕對必然性中所必須發見而以之為設準的一個概念。

3.3　決意(Willkür)自由

康德視人類意欲機能活動由兩個相關的環節組成：第一環節是原則（形式原則或材質原則）的訂立，這原則之能康德名之曰 "Wille"（它等同於實踐理性）。第二環節是直接與行動相關的格準之採用，採用一個與特定行動直接相關的格準之機能，康德名之曰 "Willkür"。在康德的道德哲學體系中，原則決定甚麼應當發生，而行動的格準（康德又稱之曰作意底主觀原則）決定發生甚麼。也就是說，Wille是決定應當發生者之機能，Willkür是決定現實上發生者之機能。❷因著意志與決意之區分，康德就意志言「自由」之外，亦就決意言「自由」。

早在《純粹理性之批判》一書之「辯證部」中，康德已提出 "Willkür"(決意)這詞項。康德首先區別開人類的決意與動物性的決意：一個決意，當它為感性的動力所影響時，它是感性的；如果它可感性地被迫使為必然如此者，它即是動物性的決意。人類的決意雖然為感性所影響，但感性並不迫使它的活動為必然如此者，因而，它不是動物性的，而卻是自由的。康德說：「人有一種自決之能力，此能力獨立不依於任何由感性衝動而來的迫束或強制」。❷這種唯獨人具有的獨立不依於由感性而來的強制的自決之能力，即是決意自由。

決意自由是獨立不依於感性影響的自決能力，這只是決意自

由的消極意義，其積極意義在：決意作爲一自決能力，其格準順從一個能夠付諸實現的普遍法則（即道德法則）的條件下。也就是說，決意自由是意志單單表現道德法則並決定決意，人在服從由道德法則而來的責成性中意識到其決意是自由的。

道德法則的責成性關涉到兩個因素：一、一個推行責成的主體，這就是道德行動者的意志，立法的意志；二、一個置自身於責成下的主體，這就是服從道德法則的決意。康德就意志之立法性言意志自由，而就決意服從道德法則之自決性言決意自由。立法的主體是一個意志自由的人，而在責成之下的是同一人之被看成其決意是自由的者。

康德在《原則》及《實踐理性底批判》二書中研究的題旨乃關於道德（Moralität），而並非關於德行（Tugend）及習俗的道德（Sittlichkeit）。也就是說，這兩本書所考論的是純粹意志及其法則（道德法則），並未下降到關於自由決意及其格準之討論。盡管如此，康德在《原則》一書中提出「義務」及「定然律令」二詞項，實在已經指示出道德法則與決意之責成關係。依康德所言，「義務是『從尊敬法則而行』的行動之必然」。[29]義務既包含著一善的意志之概念，亦函蘊著一些主觀的限制和阻礙。[30]可見，義務區別於純粹意志自立之法則，它是從服從法則之自由決意而引得者。康德言「定然律令」即是「行爲底格準必應符合於一普遍法則」這一般的陳述。[31]這定然律令關涉到行動底格準之自決，亦即關涉到決意自由。

在《實踐理性底批判》一書中，康德有很少的幾次提及「自由決意」（freien Willkür）。康德說：對於自由決意，實無準確地相應的直覺可被指派給它，但是它有一純粹實踐的先驗法則

（即道德法則）爲其基礎。❸並且，康德把以全幅良心作成之判斷和譴責之發生歸因於決意之自由，康德說：不管從一個人的決意(Willkür)所發生出的是什麼，皆有一自由的因果性爲其基礎，否則，道德判斷和譴責必不能發生。❸

我們知道，康德在《道德底形上學》一書中正式考量人類存有的自由決意及行動之格準。此前，康德首先經由《原則》及《實踐理性底批判》建立並考察道德的最高原則，以之作爲道德行爲之格準的基礎。這基礎之研究提出的是形式的先驗原則，亦即一切義務的形式原則，這原則只由一個人自己的意志給出，而並非由道德哲學所提供，它不需要被教成，蓋因普通人也實在常常有這原則在其眼前，並以之作裁斷之標準。形式原則之建立，這只是康德道德哲學的第一步工作，另一步工作是研究一切義務的形式原則如何使用的問題，這一步工作關涉到決意的道德自決之形式與材質，它使形式的原則獲得經驗的內容。前一步工作乃純粹的道德學；後一步工作乃倫理學，意即義務的學說。❸事實上，康德在《原則》之序文中已表明要進一步出版一《道德底形上學》。

《道德底形上學》一書包括「法學說之形上成素」與「德行學說之形上成素」兩部分，前者考量由外部立法提供的義務，後者考量內在自由的義務。在「德行學說之形上成素」中，康德考察了「決意(Willkür)自由」之概念。

康德說：

> 那個能夠由純粹理性決定的決意，名之爲「自由決意」（freie Willkür）。那個單由性好(感性的衝力，刺激等)決定的意欲力，應名之爲「獸類的決意」（tierische

Willkür)。人類的決意(menschliche Willkür)雖然確實
能夠受衝力影響，但卻不爲衝力所決定；因此，它雖不是
純粹的（除養成理性的才能之外），但卻能夠由純粹意志
決定以產生行動。決意自由是指它獨立於感性衝力，不爲
感性衝力所決定，這是自由的消極意義。自由的積極意義
在純粹理性自己是實踐的，但是這只有當每一行動的格準
皆服從一個能夠付諸實現的普遍法則的條件下才有可能。
如果把純粹理性使用到決意而不顧及其對象，純粹理性可
以視爲原則之機能（這兒是實踐原則，因而也就是立法的
機能），它能夠給出最高的法則，這法則除形式外一無所
有。並且，這法則作爲決意之決定根據，這根據也只是一
個使決意之格準能夠適合充當一普遍法則的形式。由於人
的格準源於主觀原因，它們自身並不與那些客觀的原則相
一致，因此，理性頒布這法則作爲一律令，它絕對地命令
或禁止。㉟

　　依康德所言，人類的決意一方面能夠受感性影響，但另一方
面卻能夠由純粹意志，亦即能夠由純粹實踐理性決定。所謂純粹
意志(純粹實踐理性)決定決意，就是它能立一普遍法則，這法則
作爲一個絕對的無條件的律令以責成決意，令決意在作成其格準
之時有這法則作爲決定之根據。康德表明：我們理性的機能爲何
能夠僅僅藉著一個有資格成爲普遍的實踐法則的格準之理念決定
決意，這確實是令人驚訝的，思辨理性永遠無法理解它。但是，
在實踐之事中，道德法則之責成性使我們意識到我們的決意是自
由的。㊱

　　在《道德底形上學》一書中，康德強調：盡管經驗顯示人類

存有在作成其行動格準之時可以作出符合道德法則之選擇，也可作出違反道德法則之選擇。但是，決意之自由不能定義爲選擇一個符合或違反道德法則之格準之選擇能力。依康德之見，選擇的隨意性只能是經驗意義的，不堪稱自由。自由之機能歸於人作爲一睿智界的存有，它永不能被置於一個對抗其立法理性之主體之中。

康德表明：介定自由決意之概念並凸顯出其普遍的特性，這是成立解說原則之事，而並非接受一基於經驗命題之事。後者不必歸到這概念的普遍特性，而前者則必須如此。如果有人因著經驗中時常有作符合或違反於法則之選擇的例子，而草率地認爲：決意自由乃選擇行動格準之隨意性，那必定是將經驗混入了實踐概念的定義中。康德指出這種混雜的定義是錯誤的。蓋因只有關聯於理性內部立法的自由才眞正是一機能，而脫離理性內部立法的可能性不過是無能而已。決意自由作爲一機能，不能以「無能力」爲其定義。㊲康德堅持，決意自由乃屬超感觸者。

《道德底形上學》一書出版前四年，康德在他的《理性範圍內的宗教》一書中因著善、惡問題之討論，對於人類決意作出系統的考量，因而對「決意自由」亦有詳細的論說。這使《理性範圍內的宗教》一書成爲康德道德哲學中一部重要著作，它與《原則》、《實踐理性底批判》、《道德底形上學》三書一同構成康德道德哲學通貫整全的體系。

在《理性範圍內的宗教》一書中，我們一再看到康德自始至終堅持的一項見解：道德法則是唯一「能使我們意識到我們的決意(Willkür)之獨立不依於那因著任何激發力而成的決定(我們的自由)者，而且同時它亦是那唯一能使我們意識到我們的行動之

可咎責性者」。㊳康德說：

> 決意之自由有這特徵，即：它將不能因著任何動力而被決
> 定至於行動，除只當人們把一動力用於其格言中（使此動
> 力成爲其行爲之普遍規律）；此等於說，只當人們把一動
> 力用於其格言中（使此動力成爲其行爲之普遍規律），那
> 決意之自由始能爲此動力所決定，決定之而至於行動，除
> 此以外，它將不能有別法爲任何動力所決定，決定之而至
> 於行動；只有依此路數，一個動力，不管它是什麼，始能
> 與決意之絕對自發性（自由）互相共存。但是在理性之判
> 斷中，僅僅道德法則才是以其自身即是一動力者，而且不
> 管是誰，只要他使道德法則成爲其格言，他就是道德地善
> 的。㊴

　　依康德之見，道德法則自身是一動力，唯有此動力能決定決
意之自由，決定之而至於行動，而這行動是以道德法則爲其格
準的，因而就是道德地善的。關於「自由之概念由道德法則而發
生」，康德在「論惡原則與同善原則之皆內處或論人性中之根惡」
一節中有一個重要註說：

> 「決意底自由之概念並不先於內在的道德法則之意識，但
> 只由『我們的決意之因此法則之作爲一無條件的命令而爲
> 可決定』這一義而被推斷出」這一層意思，任何人可因問
> 他自己以下問題而很容易地被說服而信其爲不謬，即：他
> 是否直接地確定意識到有一能力，此一能力能使他因著意
> 向之堅定性而去克服那每一令他犯罪之動力，不管這動力
> 是如何之有力（雖然法拉利命令你爲一虛僞的人並把他的
> 銅牛刑具擺出來而指使你作僞證）。每一個人皆必須承認

他並不知在這樣一種處境中他是否必不會在其意向中有動
搖。但是，縱然如此，義務卻總是無條件地命令著他而
說：你應當忠誠於你的意向；而因此他很正當地終於說：
他必亦能夠去這樣作(即能夠忠於他的意向而不動搖)，並
因而說：他的決意是自由的。❹

　　我們看到：康德用以顯示一個人的決意自由之意識的例子，
跟他在《原則》一書中用以顯示一個人的意志自由之意識的例子
是相同的。可見，盡管意志自由意指意志之自我立法，而決意自
由意指決意採用格準之自決，但是無論「意志自由」，抑或「決
意自由」皆以道德法則為其認識之根據。意志自由並非無法則，
而決意自由亦並非行動之偶然性。「決意自由」只存於絕對的自
發性，這絕對的自發性只能是對道德法則的自我服從。

　　康德在討論「惡原則」的時候提出：凡是惡的者只能由那是
道德地惡的者而發，不能由我們的本性之純然限制而發。❹康德
言「道德地惡」意指我們的決意採用隸屬的動力於其格準中以為最
高究極的動力。康德說：道德法則必須在我們的格準中有「優越
於決意之一切其他有決定作用的原則」之優越性，有之以為「其
自身即是足夠的」一種動力，否則一切尊敬道德法則之表白皆是
偽裝的。❹

　　依康德之見，盡管人類的決意免不了要受感性衝力的影響，
但是，人類的決意是自由的，其所以是自由的，在於決意之究極
格準是智思的，先於一切經驗而存在的。❹這究極格準就是與道
德法則相符合的格準。

　　康德提出：自由決意(freien Willkür)一般之有決定作用的
原則(「自由之使用」之原則)必須逕直在理性之擬議中被尋求。❹

人作爲有一自由決意之理性存有，其自己成爲是善的或成爲是惡的，亦即其是什麼或應當是什麼，必須是其自由決意之結果。康德如是說：

> 人依道德的意義而言是什麼或應當是什麼，他必須使他自己或已使他自己是什麼或應當是什麼。是什麼或應當是什麼皆必須是其自由決意（freien Willkür）之結果。非然者，是什麼或應當是什麼不能歸責於他（由他負責），而道德地說來，他亦必既非是善，亦非是惡」。當我們說：人被創造成是善的，這只能意謂人被創造成是向善的，並意謂人之內部的根源構造（本性或性向）是善的；但是此尚不能使人自己成爲是善的，但只依照人採用不採用（此全然由其自己之自由決意來裁決）此根源的構造所含有的動力於其格言中而言，人始使其自己成爲是善的或成爲是惡的。**㊺**

【註釋】

❶《純粹理性之批判》下冊，48-49頁；A328，B385

❷同註一，47頁；A327

❸同註一，463-464頁；A681-682，B709-710

❹同註一，419頁；A644，B672

❺同註一，460頁；A679，B707

❻同註一，467頁；A685，B713

❼《判斷力之批判》下冊，181-182頁

❽《實踐理性底批判》，康128；S107-108

❾同註八，康145，S121

⑩同註九。

⑪康德說：「哲學底區分，恰當地說來，實可分成兩部分，此兩部分依其原則而言是完全不同的，此即當作『自然底哲學』看的知解的一部分與當作『道德底哲學』看的實踐的一部分（因為『理性之依自由之概念而來的實踐的立法作用』就是那被名曰『道德底哲學』者）」。（《判斷力之批判》上冊，108頁）

⑫同註八，康202-203，S171

⑬《判斷力之批判》上冊，188頁

⑭同註七，160頁

⑮同註十四。

⑯同註十三，154頁

⑰康93

⑱同註十七。

⑲《道德底形上學之基本原則》，康94

⑳同註十九，康95-96

㉑同註十九，康103

㉒同註十九，康107

㉓同註二十二。

㉔同註十九，康106-107

㉕同註十九，康112

㉖同註十九，康118

㉗參看上篇。

㉘同註一，293頁；A534，B562

㉙同註十九，康25

㉚同註十九，康20

㉛同註十九，康54

㉜同註八，康219；S184

㉝同註八，康315；S255-256

㉞"The Metaphysics of Morals", p.185；S508

㉟同註三十四，M42；S317-318

㊱同註三十四，M51；S331-332

㊲同註三十四，M52；S332-333

㊳《圓善論》，81頁；GH21；S673

㊴同註三十八，72頁；GH19；S670

㊵同註三十八，125-126頁；GH125-126；S700-701

㊶同註三十八，112頁；GH38；S693

㊷同註三十八，111頁；GH37；S692

㊸同註三十八，105頁；GH34；S688

㊹同註三十八，106頁；GH35；S689

㊺同註三十八，113頁；GH39；S694

第四章　自由之客觀實在性之證明（自由之超越推證）

4.1　自由與道德法則之間的根本聯繫——道德法則是自由之推證原則

　　上章第二節闡述了康德《原則》一書中關於「意志自由」之規定與意義。康德在《原則》中關於意志自由之論說，是對意志自由之概念作形上的解釋，即對意志自由之先驗本性作說明。自由，因著它是道德法則之條件，它是思辨理性之一切理念中唯一的一個我們先驗地知其可能性的理念。依康德批判哲學的方法，先驗地可能的「意志自由」，要成為一個在真實使用中有效的概念，還必須進一步作超越推證，即對自由之概念的客觀實在性作證明。這一項工作，康德在《實踐理性底批判》一書中完成。

　　在《實踐理性底批判》卷二「純粹實踐理性底辨證」中，康德提出純粹實踐理性之設準有三：一、靈魂不滅之設準；二、自由之設準；三、上帝存在之設準。這三個設準因著實踐理性之整全目的(圓善)而先驗地結合。但在這三個設準中，康德單單抽出「自由」放在分析部中，經由實踐理性之原則的分析對它作出一個超越的推證。至於「上帝」與「靈魂不滅」，康德卻表明：這兩個概念的客觀實在性是無法證明的，除非它們把它們自己附隨於(或連屬於)自由之概念。

　　《原則》一書因著對於道德之概念之分析，建立道德底原則
——意志自律，並因著自律最後把確定的道德概念還原到自由之
理念，也就是最後歸結到：自由是道德法則之成立之根據。《實
踐理性底批判》一書則因著實踐理性底一個必然的法則而證明自
由之概念之實在性。此即康德言「道德法則自身被明示爲自由底
推證之原則」。❶康德以此代替關於自由之超越的證成。

　　康德說：

　　　　尋求道德原則底推證雖徒然而無益，然而某種別的事以前
　　　不曾被期望者現在卻被發見出來，此即：此道德原則倒轉
　　　過來卻足以充作一不可解的機能之推證之原則，此不可解
　　　的機能無經驗可證明之，但是思辨理性卻被迫著至少可去
　　　認定其可能性（思辨理性要想在其宇宙論的理念之間去找
　　　出因果性底鍊索中之無條件者，而認定此一不可解的機能
　　　之可能性，而如此認定之亦並不引致與其自身相矛盾）。
　　　此一不可測的機能，我意即自由之機能。道德法則（其自
　　　身不需要有推證之證成）它不只證明自由之可能性，且亦
　　　證明自由實是屬於那樣的諸存有，即，「此諸存有確認此
　　　法則爲拘束於它們自身者」那樣的諸存有。事實上，道德
　　　法則即是一自由行動者底因果性(通過自由而來的因果性)
　　　之法則，因而就是超感觸的自然系統底可能性之法則，此
　　　恰如感取世界中的事件間的形而上的法則就是感觸的自然
　　　系統之法則；因此，道德法則足以決定那思辨哲學被迫著
　　　去聽任其爲不決定者，即是說，它足以爲一種因果性決定
　　　其原則，此一種因果性是這樣的，即其概念在思辨哲學中
　　　原只是消極的，即爲這樣一種因果性決定其法則；因此，

　　道德法則首給此一種因果性之概念以客觀實在性。❷

　　引文中「此一種因果性」即純粹理性之一種因果性，即自由，康德言「道德法則首給自由之概念以客觀實在性」，其意指道德法則把那「直接地決定意志」這樣的一種理性之概念增加到消極意義的自由之概念上，因著這種「增加」而給予「自由」以實在性。依康德之見，對於「確認道德法則爲拘束於它們自身者」那樣的諸存有而言，這「確認道德法則爲拘束於它們自身者」之事實，即證明「自由實際地存在著」(實有自由)。在這個意義上，康德說道德法則是自由之機能之推證之原則，即是說，道德法則是自由之認知之根據。依康德所言，「自由」是理性存有的超感觸身分的一種機能，思辨理性雖然可去認定此機能之可能性，但無經驗可證明之。自由之機能之推證原則（認知根據）只能是超感觸的自然系統底可能性之法則——道德法則。

　　在《原則》一書中，經由道德之概念之分析，康德引出一個結論：道德法則只是在自由之理念中被預設。在《實踐理性底批判》中，經由純粹實踐理性的原則之分析，康德引出另一個結論：道德法則證明自由之客觀實在性。我們見到：「自由」與「道德法則(無條件的實踐法則)」是相互爲用的概念，進一步可見它們構成相互函蘊的命題。僅僅從分析的程序我們實無法逃避一種循環。康德自己多次揭示這個循環：

　　　　我們必須坦白承認：在此，有一種循環，似乎無可逃避。
　　　　在有效因底層序中，我們認定我們自己是自由的，這樣，
　　　　在目的底層序中，我們便可思議我們自己爲服從道德法則
　　　　者；而此後，我們思議我們自己爲服從這些法則者，是因
　　　　爲我們已把意志之自由歸屬給我們自己。❸（《原則》）

有一隱伏的循環包含於我們的「從自由到自律，又從自律
到道德法則」之推理中，此即：我們設置自由之理念是因
爲道德法則之故而設置之，而所以如此設置之，那只是爲
的此後我們便可轉而又從自由推道德法則，而這樣，則結
果我們對於此道德法則畢竟不能指派任何理由，但只能把
它〔呈現〕爲一種乞求論點（丐題）者，此種乞求論點所
求之原則，有好意的人必樂於把它允許給我們，但我們卻
決不能提出之爲一可證明的命題。❹（《原則》）
因爲自由之概念沒有其他的意義，而這些法則是只在關聯
於意志之自由中才是可能的；但是由於自由被設定，所以
這些法則是必然的；或反之，自由所以是必然的是因爲那
些法則是必然的，由於這些法則是實踐的設準故。❺
（《實踐理性底批判》）

《實踐理性底批判》卷一，第一章「純粹實踐理性底原則」
更以「ｖ問題一」與「ｖｉ問題二」兩小節詳述這樣一個循環：

命題一：如果決定意志的是一無條件的實踐法則，則此意志
是自由的。❻

命題二：如果意志是自由的，則必然地決定此意志的是一無
條件的實踐法則。❼

在《原則》一書中，康德爲消除循環之難題提出一個必需條
件：我們把我們自己轉移於知性界而爲其中一分子。❽但是，「智
思界之一分子」只是「我們思議我們自己是自由的」的一個必需
條件，它不能作爲支持「自由之超越推證」的前題。依康德之說，
一個知性概念之客觀實在性的證明（即超越推證）必須藉賴著相
應於概念的直覺而被作成；但自由不是知性概念，沒有任何適當

的直覺可供推證自由之實在性。於此，康德於知性概念之經驗的實在性之外，提出另一種實在性——理念的實踐的實在性。理念的實踐的實在性單爲我們的理性之實踐使用而被證明，用不著在關於它之存在中知解地去決定任何什麼事，因而也就是說，它並不需要等待直覺以便去獲得意義，而卻允許有藉賴著純粹理性之實踐法則（道德法則）而來的證實。❾

　　盡管「自由」與「道德法則」是互相函蘊的，但康德堅稱：無條件實踐的知識不能從自由開始，而必須以道德法則爲首出。蓋因關於自由之首次概念是消極的，我們不能直接意識到自由；我們也不能從經驗而推斷之。而關於道德法則，我們一旦追溯自己意志的格準之時，即直接意識到它。❿康德舉出一例支持他所主張的這種次序：

　　　設想某人肯斷他的色欲說：當這可欲的對象以及機會現在
　　時，他的色欲是完全不可抗拒的。〔試問他〕：如果一個
　　絞架豎在他得有這機會的住所之前，這樣，在他的色欲滿
　　足之後，他定須直接被吊在這絞架之上，此時試問他是否
　　他不能控制他的情欲 ；我們不須遲疑他要答覆什麼。 但
　　是，試問他：如果他的統治者以同樣直接施絞刑之痛苦來
　　命令他(威嚇他)去作假見證以反對一個正直可敬的人，此
　　正直可敬的人是這君主在一像煞有理的口實之下所想去毀
　　滅之者，此時試問他在那種情形中是否他認爲去克服他的
　　生命之愛戀乃是可能的，不管這生命是如何之重要。他或
　　許不願冒險(不敢)去肯定是否他必如此或不如此作，但是
　　他必須毫無遲疑地承認去如此作乃是可能的。因此，他斷
　　定：他能作某種事因爲他意識到他應當作某種事，而且他

承認：他是自由的——這一事實，倘無道德法則，他必不
會知之。⓫

4.2 道德法則是純粹理性之事實

自由之理念的實踐的實在性允許有藉賴著道德法則而來的證
實，而道德法則自身卻不需要有推證。康德給出的理由是：道德
法則是純粹理性之事實。康德在《實踐理性底批判》中說：

> 道德法則是當作一種「純粹理性之事實」而被給與的，關
> 於此純粹理性之事實，我們是先驗地意識及之的，而它又
> 是必是定是地確定的，縱然承認在經驗中無「其準確的充
> 盡」之事例可被發見，它亦是確定的。因此，道德法則底
> 客觀實在性不能以任何知解理性底努力（不管是思辨的知
> 解理性，抑或是經驗地支持的知解理性）因著任何推證而
> 被證明，因此，縱然我們拒絕它的必是定是的確定性，它
> 亦不能後天地因著經驗而被證明，然而它卻是即以其自身
> 而穩固地被建立了的。⓬

> 我們可以把這基本法則〔案：純粹實踐理性之基本法則，
> 即道德法則〕之意識叫做是一理性底事實，因為我們不能
> 從先行的理性之故實（與料），例如自由之意識，把它推
> 演出來，（因為自由之意識並不是先行地被給與者），但
> 它把它自己當作一先驗的綜和命題而強加於我們，此先驗
> 綜和命題並不基於任何直覺上，不管是純粹的直覺，抑或
> 是經驗的直覺。如果意志之自由真已被預設，它自必是一
> 分析的命題，但是要去預設自由為一積極的概念，則必需

要一智的直覺，而此智的直覺在這裏是不能被認定的，但是，當我們視這法則爲所與，要想不陷於任何誤解，則必須知道這法則不是一經驗的事實，但是純粹理性底獨有事實，這純粹理性因著這法則宣稱它自己爲「根源上是立法的」。⓭

道德法則，雖然它不能給出「觀想」，但猶可給予我們這樣一種事實，即「絕對不是可以由感觸世界底任何與料以及由我們的理性之知解的使用之全部領域來解釋的」這樣一種事實，這一事實它指點到一個純粹的知性世界，不，它甚至積極地規定一個純粹的知性世界，並且它能使我們去知道這純粹知性世界（智思世界）底某種東西，即，一法則。⓮

從上述三段引文觀之，康德把「道德法則是理性事實」等同於「道德法則之意識是理性之事實」。嚴格地說，兩者必須區別開。「道德法則是理性之事實」意指道德法則是經由理性而有的事實，這事實必經由純粹理性領悟，即是經由智的直覺而來。這顯然不是康德言「理性之事實」之原意，因康德主張：智的直覺在有限的理性存有這裏是不能被認定的。康德提出的實在說來只是「道德法則之意識」是理性之事實。康德說：

就是這道德法則，即，對之我們能直接意識及之（正當我們爲我們自己追溯意志之格言時我們能直接意識及之）的這道德法則，它首先把「它自己」呈現給我們，而且它直接地引至自由之概念，因爲理性呈現道德法則爲一決定底原則，此原則乃是「不爲任何感觸條件所勝過」的決定原則，不，乃是「完全獨立不依於感觸條件」的決定原則。⓯

綜上述，康德所言「道德法則是理性之事實」，其義有四：

一、在追溯意志之格言時，理性呈現道德法則爲一「完全獨立不依於感觸條件」的決定原則。於此，康德說道德法則是被給與的，先驗地意識及之的。

二、道德法則積極地規定一個純粹的知性世界，並且它能使我們去知道這純粹知性世界之法則。

三、道德法則不能後天地因著經驗而被證明，絕對不是可以由感觸世界底任何與料來解釋。

四、對於有限理性存有（如人），道德法則不是一具體的呈現，它是只有形式意義的事實，並無任何直覺以支持之。

由上文所示，我們見到康德避開道德法則是「事實的存在」之論證，轉而論證一個較弱的命題——道德法則之意識是存在的。康德否定人有智的直覺，因而無法證明道德法則是「事實的存在」，這迫使康德不得不轉至一個較弱的命題。我們不難承認：當我們作出「我應當作什麼」的判斷時，我們會有一「理性的應當」之意識，由此我們可承認道德法則之意識是理性之事實，由此即承認自由之意識是實踐地客觀實在的。這一點可以訴諸每一個人的自然理性，即訴諸常識的判斷。康德說：

> 純粹理性，即沒有任何經驗原則底混合的純粹理性，單是其自身就能是實踐的，這一點只能從理性底最普通的實踐使用，因著證實以下的事實而被展示，即：每一個人的自然理性皆可承認最高的實踐原則爲他的意志之最高高的法則，即一個「完全先驗的而且不依靠於任何感觸的材料」的法則。❶❻

又說：

因著一種簡單的訴請——訴請於常識之判斷，以充分的確定性，去作成這證實，即「證實道德原則爲一純粹理性底原則」之證實，這已是可能的，其可能是因爲以下之理由而可能，即：凡是任何「可以滑入我們的格言中以爲意志底一決定原則」的經驗的東西能夠即刻因﹂那「必然地附隨於此足以引起欲望的經驗的東西上」的苦樂之情而被檢查出來；然而純粹實踐的理性則卻是積極地拒絕去承認這種情感進入它的原則中以爲一條件。經驗的決定原則與理性的決定原則之異質性可因著「一實踐地立法的理性對抗任何性好之混雜」底這種抵阻作用而清楚地被檢查出來，並且因著一特種的情感而清楚地被檢查出來，（但是，這特種情感並不先於這實踐理性底立法，但反之，卻是當作一種強制而爲這實踐理性底立法所產生），即是說，因著一種「無人對任何性好而有之但只對法則而有之」的尊敬之情而清楚地被檢查出來；而且其被檢查出來是依如此顯著而凸出的樣式而被檢查出來，以至於縱使最未受教育的人亦能在一呈現於他眼前的範例中即刻見到這一點，即：作意底諸經驗原則實可以迫使他去追逐這些經驗原則底吸引誘惑，但是他從不能被期望去服從任何東西，除單是服從理性底純粹實踐法則外。❶

　　康德訴請了日常生活中的四點：一、每一人（作爲一理性的存有）能就他自己的每一違反道德法則的行爲而正當地說：他能不作此行動。❶二、一個人可如其所願地文過飾非，但這並不能使他防禦那「他所投於其自身」的責備或譴責，也就是說，沒有人能逃避「良心」之判決。❶三、對不道德行爲之後悔。❷四、

即使是那些被認爲是生就的壞人，他們仍然要爲其過錯而被譴責爲有罪，並且，他們自己亦須視這些譴責爲有理據。❷從以上四點可見：每一人，縱使違反道德法則的人，都意識到道德法則，此即是說，生而爲人而沒有道德法則的意識是不可能的。

藉著「道德法則是理性之事實」之提出，康德在自己的系統內有效地排除了循環論證的威脅。但是，由此提出而昇起的詰問並不比循環論證之難題易於解答。有關討論擬於第六章詳述。

4.3 自由須被發見於「事實之事」中

康德從理性對無條件的意志之格言之追求，以及人皆有「理性的應當」之意識表明：道德法則之意識之必然性、眞實性是理性的事實。藉著此理性的事實，自由的必然性、眞實性隨之被推證，因「自由」與「道德法則」相互函蘊故也。這個推證容易令人想到有一步滑轉，因爲康德顯然把「道德法則之意識」的存在等同於道德法則的存在，即把「自由之意識」的存在等同於自由的存在，卻未加以說明。當然，如果我們轉到康德的觀點，那麼，這「等同」是不解自明的。依康德的觀點，我們並不要(也不能)把我們的概念和對象本身相比對，而只是注意於某物依照我們的表象力之主觀性格而成爲我們的知識的對象，因而，也就是說，「『某物是否是一可認知物』之問題是一個『並不觸及事物本身底可能性』之問題，但只是一個『觸及我們之關於事物的知識之可能性』之問題」。❷在康德看來，自由是否是一可認知物之問題是一個並不觸及自由本身之可能性的問題，他注意的只是自由依照我們的理性之主觀性格而成爲一個實踐知識之對象。

「自由」是一個在實踐之事中對我們而言有其客觀實在性的理念，這一點是《實踐理性底批判》證明了的，因而，自由亦是一個「物」或「對象」。在《判斷力之批判》一書中，康德提出「可認知的事物」有三種：(1)意見之事；(2)事實之事；(3)信仰之事。㉓在三個理念中，康德把上帝存在與靈魂不滅劃歸「信仰之物」，唯獨稱「自由」是唯一的一個其對象是屬「事實之事」的理念。

康德將「事實之事」之概念擴展至此詞之常用意義之外。依康德之見，當我們說及事物之關聯於我們的認知機能時，我們不必把「事實之事」一詞之意義限制於現實之經驗，並且，實在說來這限制是不可實行的，因為我們僅僅需要一純然可能的經驗即足使我們去說及事物之為一確定知識的對象。㉔在這個意義上，盡管「自由」不能因著現實之經驗而被證實，亦不允許有任何直覺中之呈現，但康德依然可說：自由須被發見於「事實之事」中。康德在《判斷力之批判》中說：

> 茲有一理性之理念，說來很奇怪，它須被發見於「事實之事」中，可是這一個理念，以其自身而言，是並不允許有任何直覺中之呈現的，因而結果也就是說，是並不允許對於其可能性有任何理論的（知解的）證明的。這一個理性之理念即是自由之理念。此理念之實在性是一特種因果性之實在性（這一特種因果性之概念，如果理論的或知解的考量之，它必應是一超絕的概念），而由於它是一特種因果性，是故它允許有藉賴著純粹理性之實踐法則而來的證實，而且這證實亦即是發生於「服從實踐法則」的諸現實行動中的那種證實，因而結果也就是說，發生於經驗中的

那種證實。在一切純粹理性之理念中，此自由之理念是唯一的一個「其對象是屬事實之事而且亦必須被包括在事實之事(Scibilia)當中」的理念。㉕

依康德所言，自由之理念之實在性不是現實之經驗的實在性，它不能有藉著直覺的呈現而來的證實，它是一意志因果性之實在性，這實在性必須在「服從道德法則」的現實行動中取得證實。「服從道德法則」的行動雖然不是現實的經驗，但它作為「可能的經驗」則是不可置疑的。在這個意義上，康德說藉著道德法則而來的自由之理念之實在性的證實是發生於經驗中的證實。

自由之理念雖然是一個超感觸者之概念，但由於它所函的意志因果性之故，它是唯一的一個經由其自然中可能的結果來證明其自然中客觀的實在性的理念。蓋因自由之理念所函的意志之因果性亦即理性之因果性，這理性之因果性即是那「關於感取世界中的某些結果方面」的一種因果性，它是「理性在道德法則中不可爭辯地要設定之」的一種因果性㉖，康德可宣稱：自由之概念可因著這種理性之因果性，亦即因著服從道德法則而來的結果而充分地實化其實在性。㉗

盡管康德在《純粹理性之批判》之「辯證部」強調：我們無法遵循自然概念之途徑去認知自由的實在性，但是，這並不妨礙康德遵循道德之途徑去證實並實化自由之實在性。因為自由之理念「在道德中是根本的東西」，它可以發出一確定的因果性之法則(即道德法則)，它是道德法則之存在之根據，故此，在服從道德法則的行動中，自由當即把自己之實在性當作一「事實之事」而實化之。康德在《判斷力之批判》中說：

純粹理性有三個理念，此乃上帝，自由與靈魂不滅是；在

此三個理念中，自由之理念是唯一的一個有如下所說之特性那樣的一個超感觸者之概念，由於它所函蘊的因果性之故，它經由其自然中可能的結果來證明其自然中客觀的實在性：自由之理念是唯一的一個有如此云云之特性這樣的一個超感觸者之概念。正因如此，那自由之理念遂使「其他兩個理念(上帝與靈魂不滅兩理念)與自然相連繫」爲可能，並亦使「此三個理念相互連繫起來以去形成一宗教」爲可能。這樣說來，我們自己自身內即具有一原則，此所具有之原則能夠決定在我們自身內的超感觸者之理念（即自由之理念），而且即依我自身內的超感觸者之理念，它復亦能夠決定我們自身以外的超感觸者之理念（即上帝之理念與靈魂不滅之理念），這樣決定了，便可去構成一種知識，可是這所構成的一種知識只有從一實踐的觀點來看，它才是可能的。關於此事，純粹的思辨哲學，即，甚至對於自由也只能給出一消極的概念，這樣的純然思辨的哲學，必須對之要絕望。結果，自由之概念，由於是一切不受制約的（無條件的）實踐法則之基礎概念，是故它能擴展理性，使理性超出這範圍，即「每一自然概念或理論的（知解的)概念仍然無望地所必須限制到之」的那範圍之外。❷❽

　　總括言之，在實踐意義上使用的「自由之概念」是超越的自由之諸意義中唯一能由經驗證明之者，在康德的道德哲學體系中，這是自由概念發展的最後一步。至此爲止，本文己依序展示了自由概念發展的全過程：

　　第一步，《純粹理性批判》(1781年出版)之「辯證部」中，宇宙論意義的自由只是一理念，它不能經驗的用以說明現象，這

一步旨在說明「超越的自由」之邏輯的可能性。

第二步，《原則》(1785年出版)之第三章中，自由只是由意志自律逼至的一個預設，它是「一個純然的理念，此理念底客觀實在性決不能依照自然之法則而被表示，因而結果也就是說決不能在任何經驗中被表示」。❷這一步關聯著意志而言自由，旨在說明「意志自由」之先驗本性。這裡，康德採用了「回溯法」，即是說，從通常人的道德意識出發分析其所以可能的先驗根據，以迫出「自由」之預設。在這一步說明中，自由還只是一預設，蓋因在這裡康德仍未對「自由的客觀實在性」給予推證，這步推證工作留給《實踐理性底批判》。

第三步，《實踐理性底批判》(1788年出版)中，康德經由道德法則推證自由的客觀實在性。康德提出：我們一旦追溯自己意志的格準時就直接意識到道德法則，而且由這道德法則直接地引至自由之概念；並強調：關於自由之首次概念是消極的，我們不能從經驗而推斷之。❸這一步工作旨在經由實踐理性之批判，展示道德法則是純粹理性的事實，再由道德法則推證自由的客觀實在性。在這一步說明中，「自由」是從道德法則出發的一個保有客觀實在性的純粹實踐理性的設準。

第四步，《判斷力之批判》(1790年出版)中，康德提出：在服從道德法則的行動中，自由把自己的實在性當作一「事實之事」實化之，也就是說，自由之實在性能夠有發生於經驗中的證實。這一步工作旨在說明「自由概念」之實化，這工作在《純粹理性範圍內的宗教》(1793年出版)及《道德形上學》(1797年出版)二書中得到充分的展示。

自由概念的步步發展構成康德自由學說的通貫體系。有人僅

依據《原則》一書談論康德的自由學說，免不了要批評康德把自由看成只是一理念，只是一預設。有人雖亦涉獵康德全部道德哲學的著作，但並未肯下苦功去熟習康德自由學說之全系統，或未能以通觀的思想去把握這系統中一切部分之相互關聯，以這等人自己不通貫的思想線索，難免要對康德產生諸多誤解，或認爲康德在不斷修正自己的學說㉛，甚至指責康德到處不一致。

在《純粹理性之批判》之「辯證部」、《原則》、《實踐理性底批判》中，我們見到康德告訴他的讀者，自由是一純粹超越的理念，它不含有任何從經驗假借得來的東西；此外，我們在《純粹理性之批判》之「方法論」、《判斷力之批判》卻見到康德對我們說，自由之實在性能夠有發生於經驗中的證實。有學者認爲這是康德自由學說中的一個主要矛盾。㉜

我們知道，康德在《純粹理性之批判》之「辯證部」中強調：「自由是一純粹超越的理念，此超越的理念首先並不含有任何從經驗假借得來的東西，其次，它涉及一個『不能在任何經驗中被決定或被給與』的對象」。㉝這是就「超越的自由」之宇宙論意義而言。宇宙論意義的「超越的自由」不能有經驗地解釋現象之作用，但是，就「超越的自由」之實踐意義而言，自由允許有發生於經驗中的證實，這是說的自由之超越使用，即是「即用顯體」。《純粹理性之批判》之「方法論」中，康德明示：「實踐的自由能由經驗證明之（Die praktische Freiheit kann durch Erfahrungbewiesen werden）。蓋人類決意非僅由刺激(即直接影響於感官者）決定；吾人具有『以更間接的形相引起其有益或有害等之表象，以克服在吾人之感性的欲求能力上所有印象』之力量」。㉞

　　「超越的自由」就其宇宙論意義而言，或就知解的觀點、概念分析的觀點而言，它只是一個純粹理念，它獨立不依於感性世界之自然法則以及一切可能的經驗。但是，當「超越的自由」進入「實踐的運用之領域」，則我們能因著自己服從道德法則的行為，因而也就是說能夠經由經驗知「實踐的自由」為自然中原因之一，即為決定意志之理性所有之因果作用。康德早在《純粹理性之批判》之「辯證部」就提出：超越的自由作為智思界的因果性必應是這樣一個原因之活動，這原因是一切現象的根源的原因，它不是一現象，它是智思的，也就是說，它獨立不依於經驗，雖然如此，可是當這個原因是自然鍊條中的一個連鎖物時，它必須有另樣地被看成是完全屬於感取世界者。㉟在實踐領域中，「超越的自由」作為智思的因果性可依兩個觀點被看待。㊱我們若能理解康德的這兩個觀點說，則不會誤以為《純粹理性之批判》之「辯證部」與「方法論」有矛盾，並且，我們亦能明白，康德自由學說的通貫體系早已在《純粹理性之批判》一書有其清晰的整體脈絡。

　　依康德之見，自由是一個含有感觸世界之現象之原因的能力，自由作為超感觸者，它連同其因果性確然是在經驗條件之系列之外，但這智思的原因之諸結果可以顯現出來，顯現出來就是必須在經驗條件之系列中被發見。這種見識自始至終通貫於康德的自由學說之中。

　　【註釋】

❶《實踐理性底批判》，康191；S161-162

❷同註一。

❸《道德底形上學之基本原則》，康99-100；S86

❹ 同註三，康103-104；S88

❺ 同註一，康189；S160

❻ 同註一，康152；S128

❼ 同註一，康153；S128-129

❽ 同註三，康104；S89

❾《判斷力之批判》下冊，212頁

❿同註一，康165；S138

⓫同註一，康166-167；S140

⓬同註一，康191；S161

⓭同註一，康168-169；S141-142

⓮同註一，康185；S156

⓯同註一，康165；S138

⓰同註一，康288-289；S215

⓱同註一，康289-290；S216

⓲同註一，康308；S223

⓳同註一，康308-309；S224

⓴同註一，康309

㉑同註一，康315；S225-226

㉒《判斷力之批判》下冊，209頁

㉓同註二十二，209頁

㉔同註二十二，212頁

㉕同註二十四。

㉖同註二十二，226-227頁

㉗同註二十二，226頁

㉘同註二十二，224頁

㉙康112；S96

㉚康165；S139

㉛參看 Henry E. Allison: "Kant's theory of freedom", p. 230, Henry
　Allion認為《實踐理性底批判》以「道德法則是理性事實」為前提證「自
　由」之客觀實在性，是論證策略的轉變。

㉜同上註，p.56，Henry Allison提及有學者認為《純粹理性之批判》之「辯
　證部」與「方法論」不一致。

㉝《純粹理性之批判》下冊，292頁；A533，B561

㉞A802，B830；中譯參考台灣仰哲出版社(民國76年9月出版)《純粹理性之
　批判》，第570頁

㉟同註三十三，303頁；A544，B572

㊱同註三十三，295頁；A538，B566

第五章 自由與實踐理性 底對象之概念

5.1 實踐理性底對象之概念是 通過自由產生的一個結果

　　康德在《實踐理理性底批判》之「分析部」第二章考察「純粹理性底一個對象之概念」(即善之概念)。康德於章首即提出：善之概念，即純粹實踐理性底一個對象之概念，此對象作為一個結果，是通過自由而被產生而為可能者。❶也就是說，屬於善者之對象意謂依照一「理性底原則」(即自由底原則，先驗的法則)而必然地被意欲的一個對象；屬於惡者之對象作為屬於善者之對象之反面，其意謂依照自由底原則而必然地要避開的一個對象。❷因著由理性底原則(自由底原則)而決定之行動，屬於善者之對象或此對象之反面(惡)可被真實化。康德說：

　　善與惡則總是函著「涉及意志」，當這意志為理性底法則所決定，決定之以使某物為其對象時；因為意志從不會直接地為對象以及對象之觀念所決定，它乃是一種「取理性之規律以為一行動之動力」之機能，因著這種機能，一個對象可被真實化。❸

　　康德所云「取理性之規律以為一行動之動力」之機能，就是「自由之機能」。依康德之見，在關於「行動底道德的可能性」

之問題上，作爲行動之決定原則者並不是對象，而乃是意志之法則（自由之法則，道德的法則）。「『決定道德法則並使之爲可能』者決不是作爲一對象的善之概念，而是正相反，那『首先決定善之概念並使之爲可能』者乃是道德法則」。❹這是康德道德哲學堪稱爲哥白尼式革命的一個重要標識。

康德點出古人及近人在道德研究中的錯誤。康德說：

> 古人因著把他們的一切道德研究皆指向於「最高善」底概念之決定，（此後，他們又想去使最高善之概念在道德法則中成爲意志之決定原則），而毫無隱蔽地供認了那錯誤（即「以對象之概念決定意志」之錯誤）。然而實則，那只是好久以後，當道德法則首先以其自身單獨被建立起，並被表示爲是意志底直接決定原則之時，這個對象（即最高善之概念）始能被呈現給意志，此意志底形式現在是先驗地被決定了的。關於此一問題(即最高善之問題)，我們將在「純粹實踐理性之辯證」中處理之。至於近人，（在他們，最高善之問題已過時了，或至少似乎已變成一第二義之事），他們是以模糊的詞語來隱藏此同一錯誤（在好多其他問題上他們亦如此）。縱然如此，那錯誤仍然展示其自己於他們的系統中，因爲它總是產生了實踐理性之他律；而從此他律，一個能給出普遍命令的道德法則決不能被引出。❺

5.2 自由底範疇

由前文所述，我們不難見出，康德的道德哲學有一個根本洞

見：實踐領域並不需要依於感性之供給及知性之範疇決定去知道對象，純粹實踐機能（自由之機能）不是知道一個對象之機能，而是實現一個對象之機能。康德對同一理性作出知解的使用與實踐的使用之區分：知解理性有事於「可以被給與於知性」的對象之知識；實踐理性有事於它自己的「眞實化對象」（實現對象）之能力，因而它並不要去供給一個直覺底對象，而只要去供給一個法則。❻

在《純粹理性之批判》中康德提出：知性之純粹概念或理性之在其知解使用中之範疇必須與對象發生關係，以便成爲一整一意識中所與的直覺之雜多底綜和統一之諸特殊模式。但是，在實踐領域中，情形正相反，善與惡之概念根源上並不涉及對象。蓋因善與惡之概念是意志底先驗決定之結果❼，作爲意志底決定之基礎的是純粹實踐的先驗法則，而並非對象。

依康德之見，純粹實踐的先驗法則（自由之法則）首出地創造對象之存在。由此，康德實已向我們展示出現象界的構造原理與本體界（道德界）的實現原理（創造原理）之超越區分，也就是爲現象界的存有論與本體界的存有論之區分奠定了根基。但是康德在這個根源洞見之展示中留下一個即使作爲他的追隨者亦難免受困惑的問題。那就是，康德堅持：在「關聯於自由中」而被創造的「對象」不能直覺地呈現。如此一來，康德展示的道德界的實現原理及本體界的存有論不能得到充分證立。

康德主張兩個觀點說，這無疑是康德的一個根源洞見，但康德只在感取界的觀點上允許「直覺」之運用，在智思界的觀點上，「直覺」是缺無的。因此，我們人類對於智思界是一個「盲者」，我們只能以類比於知性之範疇之方式而理性地思之。

　　由於康德堅持人類對於智思界不能有相應的「直覺」，因此，在康德看來，一個處於「自由之法則」下的行為，因其是屬於智思界中的存有之行為，我們對之不能有知識，它必須另一方面作為感取世界中的事件看，也就是說當作現象看。❽我們的實踐理性才能依照知性之範疇對其有所決定。如此一來，康德比照知性之範疇而建立了「自由之範疇」。關於實踐領域何以需要一個「自由之範疇」，康德解說道：

> 自由是被視為一種「不隸屬於經驗的決定原則」的因果性，其如此被視是就著那些「因著它而為可能」的行動而如此被視，而這些行動是感取世界中的現象，因而結果也就是說，自由(特種因果性)是涉及那些「有關於行動之物理的可能性」的範疇的，然而同時每一範疇卻又是如此其普遍地被取用以至於該因果性底決定原則可出離感取世界以外而被安置於自由中，自由即是作為智思世界中的一個存有之一特性者。❾

　　所謂「自由之範疇」不同於「知性之範疇」。知性之範疇意在於知性之知解使用，即把感觸直覺底雜多先驗地置於一整一意識下，也就是為那對於我們為可能的每一直覺指表「對象一般」，而自由之範疇只意在於把欲望之雜多先驗地隸屬於一純粹實踐理性(即純粹意志)；自由之範疇並不涉及對象，只涉及決意(Willkür)之決定，於此決定中，只有純粹實踐的先驗法則作其基礎而並不需要直覺。康德在《實踐理性底批判》之「純粹實踐理性底一個對象之概念」一章建構了一個「自由之範疇表」：❿

關涉於善與惡之概念而列的自由底範疇

I．屬於量者：

(1)主觀的，依照格言(個人底實踐的意見：個人意志底意向)。

(2)客觀的，依照原則(箴言)。

(3)自由之先驗的，既主觀而又客觀的原則(法則)。

II．屬於質者：

(1)「行動」底實踐規律(訓令)。

(2)「不應為」底實踐規律(禁令)。

(3)「例外」底實踐規律(權許)。

III．屬於關係者：

(1)關聯於人格。

(2)關聯於個人底情況。

(3)交互的關係，此一人之關聯於「另一人之情況」之關係。

IV．屬於程態者：

(1)許可與禁止。

(2)義務與相反於義務。

(3)圓滿的義務與不圓滿的義務。

5.3　「自由」作為純粹實踐理性
之需要引至之一個設準

康德在《實踐理性底批判》之「分析部」說明了自由之客觀實在性藉著道德法則得到證明，並且在《判斷力之批判》中提出：自由在服從道德法則之行動中把其自己之實在性當作一「事實之

事」而實化之。爲此，當我們指出康德在《實踐理性底批判》之「辯證部」告訴他的讀者：積極意義的自由是一純粹實踐理性的設準之時，恐怕有人會以爲這裏出現了不一致。

要能公正地評價康德自由學說達致的成就，恰如其分地點出其中之不足，而避免過分誇大康德的缺失，極重要的一項工作是要辨明康德使用「設準」一詞之確切意義。以下分三點闡述之：

一、哲學設準與數學設準之簡別

康德在《純粹理性之批判》中特別說明，他在批判哲學中使用「設準」(Postulat)一詞，並非從此詞之固有的數學意義強奪過此詞來而給於此詞意義。康德批評某些哲學寫作者曲解「設準」之意義，他們以爲設準必意謂去視一命題爲直接地確定的，而用不著證成或證明。❶對康德而言，沒有哲學命題能視爲不證自明的公理，否則，「知性之批判」必須被放棄。❷

在康德那個時代，數學設準是一個不能證明的實際的命題，此命題爲在直覺中的對象的綜和提供一個規律。也就是說，數學設準是直覺地構造的❸，它們設定一種活動之可能，此活動之對象早已在理論上先驗地被承認爲是可能的，而且它具有圓滿的確定性。❹康德提醒：「設準」一詞在哲學中使用之意義有別於其在數學中使用之意義，其要點在於：哲學設準與對象無關，該等設準不增加我們對於「事物之概念」，我們不能因著設準而有關於對象之知識。

康德分別在《純粹理性之批判》之「原則底分析」一卷及《實踐理性底批判》之「辯證部」使用「設準」一詞。在《純粹理性之批判》那裏，康德稱程態底原則爲「經驗思想一般底設準」，因

爲可能性、現實性、必然性這三種謂詞並不能擴大它們所肯定者（所謂述者）之概念，它們對於一概念實無所謂述，而只是謂述「一概念所經由之以被產生出」的那知識底機能之活動❶。在《實踐理性底批判》之「辯證部」，康德稱自由、靈魂不滅、以及上帝爲「純粹實踐理性一般之設準」。因爲自由、靈魂不滅、以及上帝如其爲知解的命題而觀之是不可證明的，但它們卻是純粹實踐理性的無條件的先驗實踐法則(道德法則)之不可分離的結果。盡管我們能因著主體服從(或遵守)客觀而實踐的法則而設定自由、靈魂不滅、上帝三個概念實有它們的(可能的)對象，但我們並不能因此設定而得有此等對象的知解的知識，因我們無論如何不能要求對於這些對象有直覺故也。

二、設準(Postulat)與假設(hypothese)之簡別

康德在《純粹理性之批判》中區分設準與假設：

> 如果「某物存在著」或「某物應當發生」，這是不可爭辯地確定的，但此不可爭辯之確定性同時又只是有條件的，如是，則「此不可爭辯之確定性」底某種決定性的條件或者是絕對地必然的條件，或者「只是一隨意的(可能的)而且是偶然的預設。在前一情形中，這條件是「定設了的」(postulated, per thein);在後一種情形中，它是「假定了的」(assumed, per hypothesin)。❻

依康德之區分，如果 X（無論是「存在者」抑或是「應當存在者」）被知道是可能的，而 Y 先驗地被知道是 X 所以可能的唯一的絕對地必然的條件，那麼 Y 是被定設的，即是說 Y 是一個設準。或者 Y 只是被作爲 X 所以可能的一個隨意的而且是偶然的解

釋，那麼 Y 只是被假定的，即是說，Y 只是一個假設。基於這樣一個重要的區分，康德將純粹理性在其思辯使用中之需要而引至的假設與純粹實踐理性之需要而引至的設準區別開。

　　在《純粹理性之批判》之「辯證部」，康德致力說明自由、靈魂不滅、上帝三個理念只是純粹理性在其思辨使用中之需要而引至的假設。因為我們想在思辨上把理性帶至其最高限（即從有條件者追尋至無條件的絕對綜體），我們必須預設自由、靈魂不滅、上帝，這種預設是思辨底隨意目的上的一個純然假設性的需要。在《純粹理性之批判》之「超越的方法論」，康德有一專節論及純粹理性的假設。❶在那裡，康德一再明示：在理性之思辨的使用中所視為意見之假設，至多不過用以滿足理性，而非用以促進知性關於對象之使用。此等假設為想當然之判斷，其論敵不能拒斥之，但其自身亦不容有任何證明，因此，在論究純粹理性之純然思辨的問題時，假設不能以任何獨斷的形態用之，而僅能作為論爭之武器以供防衛權利之用。在《實踐理性底批判》一書中，康德亦表明，自由、靈魂不滅、上帝作為純粹理性在其思辨使用中之需要而引至的假設，對我們人類而言，只是最合理的意見。藉此，康德將神學從思辨的領域清除出去。

　　康德謂自由、靈魂不滅、上帝是純粹理性在其思辨使用中的假設，意在表明這三個概念並不屬於思辨理性的概念，它們並無知解而言之客觀實在性。但是，康德並沒有意圖摧毀神學，他只是將作為理性的信仰看的神學從思辨的基地轉至道德的基地上。在《實踐理性底批判》之「辯證部」，康德稱自由、靈魂不滅、上帝為純粹實踐理性的設準，這三設準是成就最高善的信仰的對象。因為實有一些道德法則是絕對地必然的，這些道德法則必然

地預設自由以及靈魂不滅、上帝以爲它們責成我們去促進最高善(圓善)的決定性的條件。

所謂實踐理性之設準，康德意謂是一個作爲知解命題而觀之是不可證明的命題，但它是道德法則之一不可分離的結果。❶因爲圓善(福德一致)是尊敬道德法則的道德存有的意志之必然的理念，而假若無「存在之無底止的延續以及這同一理性存有的人格性」(即靈魂不滅)；無一個「經由睿智與意志而爲自然之原因與創造者」的存有(即上帝)；無一個引至「智思世界中的存在之意識的概念(即自由)，那麼，圓善只能是一個值得讚嘆的對象，不能成爲目的及行爲之發動力，道德律也不能伴隨有期望與責成，也就是說不能成爲律令。❶故此，康德定設自由、靈魂不滅、上帝以作爲圓善的三個條件，在這意義上，自由是成就最高善中的一個信仰。

三、自由作爲事實之事與自由作爲設準之區分

大多數人記住康德關於「自由是實踐理性之一個設準」之名言，卻忽略了設準說只能看作康德爲回應基督教文化之大背景而鋪排的一個敷設。康德道德哲學之根源洞見不在設準說，康德關於「自由」之根本涵義亦不在設準說。康德在《實踐理性底批判》之「辯證部」藉著純粹實踐理性三設準所規劃出的是道德的神學。在道德的神學中，自由是信仰之事，它與其餘兩個理念無異，皆只是純粹實踐理性之一個設準。但是，康德除規劃出一個道德的神學之外，還顯露出一個道德形上學之預見。將神學建基於道德的基礎上，對基督精神作道德的解釋，這無疑是康德的貢獻，但康德批判哲學的命脈不在神學，而在透出由道德的進路建立形上

學之根源智慧。盡管康德並未著意地建構出一個道德的形上學，但是，正如一個現象界的存有論就包含在純粹的知性之批判中，一個本體界的存有論，一個道德的形上學就包含在實踐理性之批判，以及目的論的判斷力之批判中。

如果通貫地理解康德的自由學說，我們不難見到：在經驗的綜體之意義上，自由作為純粹思辨理性的假設（phyothese），這是我們能在《純粹理性之批判》中得知的。在道德的概念之分析中，自由是因著自律而必須被預設的（vorausgesetzt），此義我們能在《道德底形上學之基本原則》中得知。在從純粹理性底需要而來的信仰中，自由是一個保障圓善的純粹實踐理性的設準（postulat），此義我們能在《實踐理性底批判》之「辯證部」中得知。我們特別注意到：在純粹實踐理性底分析中，自由再不是作為預設(如在《道德底形上學之基本原則》般)，而是被推證。「自由是道德法則的條件」只是當作一假設陳述於《原則》一書中，但是，在實踐理性之批判中，這項陳述依我們的實踐理性之本性以及道德法則之為一理性事實而為必然地被證明了的，而不是假然地被預設的。在那裡，康德說明了「自由」這個理念為道德法則所顯露，因而「自由實際地存在著」是一事實。❷我們更應注意到：在《判斷力之批判》中，康德提出：自由在服從道德法則的行動把其自己之實在性當作一「事實之事」而實化之。❷這與儒家從道德踐履中顯本體之逆覺體證之工夫義有吻合處。最後，在目的論之判斷力之批判中，康德說明了：如果世界只由無生命的存有而組成，或甚至只部分地由「有生命的但卻是非理性的存有」而組成，則這樣一個世界底存在必不會有任何價值。因此，單只那「在道德法則之下服從道德法則」的人(或任何理性存

有)之眞實存在，始眞能被視爲是一個世界底存在之終極目的。㉒所謂「服從道德法則的人」，即是意志自由的人。至此，康德的自由學說達至頂峰——道德的人，即自由賦予世界底存在以價値，自由乃世界存在之終極本體。如果說康德在道德的神學中，讓自由、靈魂不滅、上帝散列爲三個本體。那麼，康德在對事物底存在、世界底存在作價値的解釋中，也就是在道德的形上學中，「自由」乃唯一的終極本體。這與儒家言道德秩序即宇宙秩序，本心眞性之客觀而絕對地說即天道實體同一洞見。

　　康德的三大批判，以及《原則》、《單只理性範圍內的宗教》、《道德形上學》構成其自由學說的通貫體系，假若未能熟習全系統，或者把通貫的各部分割裂開而孤立地處理，則難免要曲解康德。

【註釋】

❶《實踐理性底批判》，康206；S174

❷同註一。

❸同註一，康211；S177

❹同註一，康216；S182

❺同註一，康217-218；S183

❻同註一，康286；S213

❼同註一，康218；S183

❽同註七

❾同註一，康221；S185

❿同註九。

⓫《純粹理性批判》上冊，464頁；A233，B285

⑫同註十一，464-465頁；A233；B286

⑬康德在《純粹理性之批判》對數學設準有一說明：「在數學中，一個設準是意謂這樣的一個實際命題，即此實際命題除含有一種綜和外實一無所含有，而其所含有的綜和即是這樣的綜和，即經由此綜和我們首先把一個對象給與於我們自己，而且經由此綜和我們產生此對象之既念。舉例言之，用一條所與的線，從一所與點去在一平面上畫一個圓圈，這一種動作即是這樣一種實際的命題。這樣的一種命題實不能被證明，因為它所要求的程序確然即是『我們經由之以首先產生這樣一個圓形之概念』的那程序」。（465-466頁；B287）

⑭ 同註一，康138；S117

⑮ 同註十一，465頁；A233-234；B286-287

⑯《純粹理性之批判》下冊，402-403頁；A633，B661

⑰A770-782，B798-810；參看仰哲出版社譯《純粹理性之批判》，551-558頁（民國76年9月出版）

⑱同註一，康369；S253

⑲參看《純粹理性之批判》之「方法論」之第二章第二節「視為純粹理性終極目的之決定根據之最高善理想」（仰哲出版社，民國76年9月出版），571-581頁；A804-820，B832-848

⑳同註一，康128；S108

㉑《判斷力之批判》，223-224頁

㉒同註二十一，172頁

第六章　綜　　論

6.1　康德自由學說之根源智慧

　　康德經由諸觀點全面地考察了「自由」之理念，他首先放「自由」進思辨的領域中檢視，隨後又放「自由」進信仰的領域中檢視，最後，讓「自由」歸到真正屬於它的領域──道德的世界。

　　依康德所言，自由是道德法則的條件(存在根據)，此即：自由是道德的主體。康德又云：自由是人(理性存有)所以服從道德法則的超越根據（直接地，不依賴外部條件而選取道德法則以爲行動格準之能力），此即：自由乃人之本然良知。因此可說「道德的主體自由」使人成一「道德的存在」，而就在服從道德法則的行動中，這「主體的自由」取得其客觀的意義。自由作爲理性存有之道德主體，因著它的普遍性必然性，因而既是主觀的，同時就是客觀的；最後，因著它是世界存在之終極本體，它即是絕對的。自由(道德主體)既是主觀的，同時又是客觀的，絕對的。自由(道德主體)乃本體界存有論賴以成立之唯一實體。這是康德自由學說的根源智慧。盡管康德並未明文建立一個以自由（道德主體）爲終極本體的存有論，就是說，未明文建立一個道德的形上學。然而，康德自由體系顯露出的形上智慧卻光輝不可掩。自由作爲理性存有之道德主體而通至客觀的絕對的意義。此乃人類

之根源智慧。中華民族由堯舜三代文化所肇發，孔孟所承傳的儒家，其智慧亦是由道德心之普遍性必然性無限性而通至客觀義與絕對義。所以儒家有云「盡心知性知天」。牟師宗三先生於中國文化生命之根源智慧有精闢論說：

> 周文及宗法族系成自周公，而予以反省的肯定，充分透露其形上意義，而予以超越的安立，以大開天人之門者，則始自孔子。（黑氏講中國，完全不提到孔子，便是其不了解中國文化生命之本與全。）普遍的宗法制的家庭族系以及普遍的文教系統瀰漫於全社會，穩定了全社會。各個體在其中過著具體的生活。宗法的家庭族系，依著親親之殺，尊尊之等，實兼融情與理而爲一，含著豐富無盡藏的情與理之發揚與客納，決不能使你有無隙處之感：它是無底的深淵，無邊的天。五倫攝盡一切，一切攝於五倫。「自天子以至庶人，一是皆以修身爲本。」此即表示：無論爲天子，爲庶人，只要在任何一點上盡情盡理，敦品勵行，你即可以無不具足，垂法後世，而人亦同樣尊重你。曾子的才情並不恢廓，守著一部孝經，誠朴而篤禮，即可傳道而成大賢。在此種穩定而富彈性的社會裏，實具有一種生命的親和感。在此種親和感裡，實蕩漾著一種「超越的親和性」，此就是此整個社會後面的「道德實體」，普遍的精神生命。若是此種宗法社會及文教系統全是一種習慣的凝結，毫無道理，若是個體在此種社會內，亦全是一種習慣的混沌，毫無道理，則中華民族早被陶汰，而且亦不能有任何文化可言。可是，要緊的是，各個體在此社會裏有所「盡」。

就在此「盡」字上，遂得延續民族，發揚文化，表現精神。你可以在此盡情盡理，盡才盡性；而且容納任何人的盡，容許任何人盡量地盡。（荀子云：王者盡制者也，聖人盡倫者也。孟子云：盡心知性知天）。在此「盡」上，各個體取得了反省的自覺，表現了「主體的自由」，而成就其為「獨體」。主體的自由表現了一個「對反」。此對反不是因緣於集團之對立，而是即在各個體之自身。此方式之出現實淵源於堯舜禹湯以來首先握住「生命」一原理：自調護生命，安頓生命上，形成此對反。在此對反中，一方作為「主體」的精神，澄清而上露，一方作為「客體」的自然即被剌出而下濁。這個「自然」不必是外在的自然界，即自身內「物質的成分」亦是自然。自然被剌出，則「精神主體」即遙契那道德實體，那普遍的精神生命，即絕對精神，而與之對照，予以證實。主體精神與絕對精神之遙契對照（即黑氏所謂分裂），是由於從自覺中與「自然」對反連帶而成的。原來只是一渾淪之整體，如赤子之心。通過個人自身內所起之對反，自然成立，主體精神成立，絕對精神亦成立。在此三種成立中，方能說「盡」。此是中國文化生命之一普遍的原理。❶

　　牟先生活潑潑地凸顯出堯舜三代由道德實體展開的主體的自由，客觀的自由，絕對的自由三者合一的文化光輝。依儒家，「道德的主體自由」使人成一「道德的存在」，由之而盡性盡倫，則不能不有客觀的意義與絕對的意義。主體的自由、客觀的自由、絕對的自由，一起呈現，一起皆是道德的。牟先生所以謂康德乃中西哲學會通的最好橋樑，實在是有見於康德哲學之根源洞

見與中國文化之智慧相契合。

6.2 黑格爾對康德自由學說之曲解

自由歸於「道德的存在」，而建立主體自由、客觀自由、絕對自由三者合一的自由學說。主體自由、客觀自由、絕對自由，一起皆是道德的 ， 這是康德對於人類根源智慧之闡發 。 遺憾的是，繼康德之後，德國理念論諸家無一能相應康德闡發之根源智慧，其中以黑格爾之偏離與歧出影響至巨。

黑格爾批評康德將「自由」只限於作爲一個抽象的空洞的形式主義的道德概念。❷依黑格爾之見，在康德道德哲學系統中，「自由」充其量只是主體的自由。它不能就現實世界作具體的分析，因而其普遍只是抽象的普遍，而不能達致具體的普遍；它不能對終極問題有明顯解答，因而它只是一個主觀的理念，而不能是一個絕對的理念。❸知康德批判哲學之精神者，必知黑格爾的批評全不相應。黑氏言「自由」仍然落在知解的思辨的觀點，其言客觀自由、絕對自由只相應「認知主體」而言。因而，黑格爾於國家、政治、法律，以至歷史、習俗的道德及宗教言客觀精神，絕對精神皆就認知主體而發言。而康德論自由之革新性洞見，則在於康德轉而由實踐的觀點(即道德的觀點)言自由之眞實意義。了解康德批判哲學的學者，必熟知康德清楚區分知解之先驗形式與實踐之先驗形式。知解之先驗形式若離開感性直覺則是空洞的；而實踐之先驗形式，它在行動中創造自己的對象，即創造內容。自由(道德底原則)其爲形式的，正是實踐的，而非認知的。自由之形式義乃道德之第一義，截斷眾流的第一步，這一步彰顯道德

之純粹的先驗的嚴整意義。正是「自由之形式義」揭示出道德律先天而固有地內在於每一人心中，道德律不需要被教成，沒有人需要依賴哲學家教他懂得道德律，亦沒有人需要依賴哲學家教他如何作道德行為。「自由之形式義」正是要打掉人們慣常習染之依賴性與無力感，它提醒人們：人作為理性存有原不必靠上帝，不必靠任何形式的救世主，也不必靠一切外在的力量與規條，它呈露給人的是人原有的獨立自主的人格尊嚴。此乃牟師宗三先生云「四無傍依，照體獨立」是也。此第一義立，方可進而言道德的主體自由下的客觀精神，以及由此客觀的姿態直接透露之絕對精神。儒家亦正本此智慧，此所以儒家知貞定道德心之常，以應節目時變之詳。明儒王陽明云：「良知之於節目時變，猶規矩、尺度之於方圓、長短也，節目時變之不可預定，猶方圓、長短之不可勝窮也。故規矩誠立，則不可欺以方圓，而天下之方圓不可勝用矣；尺度誠陳，則不可欺以長短，而天下之長短不可勝用矣；良知誠致，則不可欺以節目時變，而天下之節目時變不可勝應矣。毫釐千里之謬，不於吾心良知一念之微而察之，亦將何所用其學乎！」❹

康德艱辛努力要達致的目的，就是要將形而上學從節目時變的經驗之泥沼中超拔，同時亦從獨斷的思辨之孤離中脫出，而重新安立於實踐的領域，即道德的領域。❺惟有於道德的領域中建立的形上學方能是一個「盡未來世保持不可變更性」的系統❻，因為，依康德之見，道德哲學乃「理性之依自由之概念而來的實踐立法」之學，在道德之普遍原則裡，沒有什麼東西是不確定的，在這裡，我們要認識的只是理性自身以及純粹理性實踐使用之原則，而不必加入經驗的材料。這門學問之所以「永恒不易」，

因爲它追尋的是常體，它不能從任何經驗科學中引生出其原則，相反，它必須是一切學問的基礎。❼康德並不輕視經驗科學（包括具體哲學在內），他只是點醒：在一切經驗科學之先，必須首先穩固地建立純粹哲學（形而上學）作爲根基。

形而上學追尋的當該是永恒不可移易的律則。儒家云「德配天地，道冠古今」，道家云「不知常，妄作凶」（老子《道德經》），皆展示中國哲學中凸顯「常體」之智慧。熊十力先生云：「六經究萬有之原，而言天道。天道眞常，在人爲性，在物爲命。性命之理明，而人生不陷於虛妄矣。順常道而起治化，則群變萬端，畢竟不失貞常。知變而不知常，人類無寧日也」。❽我們在康德《純粹理性之批判》第一版序言中聽到的同樣是一個哲人追尋貞常之衷曲：

> 人類理性在其知識之一目裡有此特殊之命運，即：它爲一些問題所苦惱，這些問題，由於爲理性自身之本性所規定，所以不能不去理會它們，但是又由於它們超越人類理性底一切能力之外，所以它又不能去解答它們。
>
> 人類理性所這樣陷入的困惑並不是由於它自己底任何錯誤。它開始於一些原則，這些原則，除在經驗底行程中去使用之外，它沒有選擇之餘地，而此經驗同時又大量地（充分地）使它在使用這些原則中爲有理。以這些原則之助，它上升到高而又高，遼遠而又遼遠的條件上去（因爲它是爲其自己之本性所決定，決定其要如此上升的），如是，它即刻覺察到：在此路數中——問題從未停止——它的工作必總仍舊是不完整的；因而它見出它自己被迫著要去依靠這樣一些原則，即：這些原則乃是越過一切可能的經驗使

用之外的原則，然而它們卻似乎又是如此之不可反對的原則以至於即使是通常的意識也很容易承認它們。但是，依此程序，人類理性遂使其自己僵滯於黑暗與矛盾中；而當它實可猜想這些矛盾必是在某種路數中，由於隱藏的錯誤而然時，可是它卻又不能夠去檢查出這些錯誤。蓋因爲它所使用的那些原則超越了經驗底範圍，是故它們不再服從任何經驗的考驗。這些無止境的爭辯之戰場即被名曰形而上學。

她的政府，在獨斷主義底管理之下，其初原是專制的。但是因爲立法仍帶有古代野蠻之痕迹，是故她的帝國經由內戰漸漸崩解而爲無政府之狀態；而懷疑論者，一種遊牧民(流浪人)，憎恨一切定居的生活方式者，則時時打散了一切城市的(文明的)社會。幸而他們爲數甚少，而且他們亦不能阻止城市社會之被重建，雖然其被重建並不是依據劃一的與自身一致的計劃而被重建。近時，通過一種對於人類知性底生理檢查——大名鼎鼎的陸克底檢查工作，這看起來好像是對於這一切爭辯作了一個結束，而形而上學底要求似亦接受了最後的判斷。但是這已被證明完全不如此。因爲不管怎樣試想藉著把這設想的女王底族系追溯到起源於通常的經驗這種庸俗的起源，來對於這設想的女王之虛僞的要求加以懷疑，這種族譜事實上是虛構地被捏造成的，而她亦仍然要繼續去高舉她的要求。依此，形而上學又退回而跌入了那古代陳舊的獨斷主義，因而又遭受了「它所要脫離」的那種貶視。現在，在「大家相信一切方法皆被試過而又見其爲不適用」之後，流行的語調便是厭

倦與完全的淡漠，這厭倦與淡漠，在一切學問中，是混沌與黑暗之母，但是幸而即在此混沌與黑暗之情形中，厭倦與混沌又是「一切學問底接近改革與恢復」底根源，至少也是「一切學問接近改革與恢復」底序幕或前奏。因為這厭倦與淡漠至少可以使那種「曾把一切學問弄成這樣黑暗，混亂，而不堪用」的「惡劣應用的勤勉歸於結束。
此種淡漠顯然不是輕率底結果，而是時代底成熟判斷之結果，此中所謂時代乃是拒絕再以虛幻的知識來敷衍或推宕的時代。此種淡漠對於理性是一種喚醒，喚醒理性重新去作一切它的工作中之最困難者，即去作「自知」之工作，並且要去設立一個法庭，此法庭將對於理性保證其合法的要求，並遣除一切無根據的虛偽要求，其遣除之不是以專制的命令來遣除之，而是依照法庭自己所有的永恆而不可改變的法律來遣除之。這個法庭不是別的，不過就是「純粹理性之批判」。❾

黑格爾要麼就是對康德之衷曲置若罔聞，要麼就是特意獨樹一幟，因為黑格爾之路正是康德經由「純粹理性之批判」的法庭所遣除之路。康德於《純粹理性之批判》一書提出「物自身」一概念，並堅稱「物自身不可知」，其義在於要截斷「從經驗引生本體」之路。即是宣告：實有不容許從經驗事象以及知性概念摘引出來。在這個批判的基礎上，康德得以進至實踐的領域去開闢唯一可能的永恆不可改變的形上學。我們見到：在《純粹理性之批判》中康德以「純然的純粹知性之分解」取代了現象界的存有論那驕傲的名字❿在康德心目中，現象界的存有論並不堪稱為一個真正的存有論，真正的存有論乃本體界的存有論，而這個本體

界不能由思辨理性獨斷地建立，只能由道德理性實踐地建立。

　　本文論題不在檢察黑格爾之學說，但可以點出：黑格爾反對的正是康德批判哲學中包函的「實踐的即自由的即道德的主體，乃唯一眞實的本體」之洞見。黑格爾以爲康德所言「道德」充其量只能算作「主觀的自由」，黑氏不能接受康德哲學中包函的這樣一種根源洞見：道德主體（即主體自由）在服從道德法則的行動中當即客觀化其自己；同時，道德主體就其爲世界底存在之終極目的而言，它當即獲得其絕對意義。因而，主體的自由、客觀的自由、絕對的自由三者合一，皆是道德的。康德幾經艱辛奮鬥揭示的眞理，正是我們中華民族於文化肇發期已展現之凸顯道德理性的精神，因而是可以藉我們堯舜三代剛健的道德的，同時是政治的社會性的光輝文化作印證的。

　　康德嚴格區分自然之知識與道德之知識。就自然之知識而言，所謂主觀與客觀是認知的橫列的關係，在這個領域沒有主客之眞正和解是可能的。就道德之知識而言，主觀與客觀是縱貫的實踐的關係。主觀的形式在實踐的創造中當即成爲具體的普遍，在這個領域，主觀、客觀與絕對三者合一是實踐地必然的。黑格爾反對康德的區分，他堅持一個認知的思辨的觀點，在這個基礎上黑格爾視習俗的道德，國家的政治法律爲眞正有內容的客觀的自由，而主體自由不過是空洞的形式而已。如此一來，主體自由與客觀自由之關係是認知的橫列的，而不是直貫地通而爲一的。黑格爾就這樣以現實的具體的倫理取代了康德哲學中作爲終極本體的「道德」。

　　黑格爾落在認知的橫列的關係中看人類之客觀實踐以成就其歷史哲學，自免不了種種謬誤，然吾人亦不必因其有錯誤而否認

其有精采處。誠如唐君毅先生所言「凡爲哲學而不歸於歷史文化之哲學者，其哲學必不究竟」。⑪黑格爾所以爲後人詬病，當然不在黑氏自理性之表現歷程以言歷史，關鍵在黑格爾言理性之表現歷程只就知解的思辨的觀點看，而不就實踐的道德的觀點看。此所以唐君毅先生批評黑格爾之論歷史哲學「徒爲事後之反省，如其所喻爲夜間飛翔之鳥」，又云「黑氏之論歷史哲學，仍是觀照之意味重。其所謂理，尚未能洋溢於已往之事外，以爲新生之事之所據，而亦昧於道有殊塗同歸之旨。而深知理之既內在於事中，又洋溢超越於事外，以爲新生之事之所據，及道有殊塗同歸之義者，唯中國之先哲爲最」。⑫

　　康德於具體哲學容或專注不夠，但這絲毫不能減損康德哲學所凸顯之根源智慧——由道德的進路接近本體界。而黑格爾從康德哲學之偏離與歧出，亦正在黑氏把道德之本體義拉掉，而以辯證的過程等同存在的過程，把絕對存有以及其所創造之萬物這一整個存在歷程等同於辯證歷程。H.D.阿金在他的《思想體系的時代》中就點出：「在黑格爾看來，概念沒有一種固定的意義，知性形式沒有一種永恒的、不變的有效性。大多數以往的哲學家，包括康德在內，都是以靜態的範疇和規律的觀點，去看待心靈和自然，這些範疇和規律永恒地被賦予或再賦予特殊事物變化著的雜多。康德把心靈設想成一種主動的、構成的機構，但是在他看來，知性的範疇和實踐理性的命令並不從屬於變化。相反，黑格爾認爲，也許除了他自己的哲學之外，任何事物都存在於歷史的形式之下 」。⑬阿金並批評黑格爾：

　　　　盡管黑格爾談論「絕對」，但是，他自己深刻的歷史的，
　　　　從而是相對的意識，象十九世紀任何一種其他的非絕對主

義的事物一樣，對宗教的和哲學的絕對主義的衰敗負有責任。通過一種完全符合黑格爾自己心愿的譏諷，「絕對」沒落了，這完全是黑格爾自己的作爲。⓮

6.3　自由無限心之提出——牟宗三先生對康德自由學說之批評

在展示了康德自由學說之全系統之後，我們無疑可肯定康德批判哲學凸顯道德理性之根源智慧，但是，因之，我們亦意識到康德有所不足。康德提出了從道德的進路契接本體界之指示，然而，我們除了在康德作爲理性的信仰而建立的道德的神學中看到關於自由、靈魂不滅、上帝三個散列的本體之說明外，我們未能看到康德明文肯定道德的神學之外還有一個本體界的存有論，在那裡，「自由」爲唯一的本體。康德雖然對「自由」作出了諸方面的考察：從思辨理性之一個軌約的超絕的純然理念，至理性信仰上之一個設準，至道德實踐中轉變成構造的內在的事實之事，直至在目的論的判斷中，作爲世界底存在之終極目的。但是，康德始終未告訴我們：自由之存在是如何可能的。也就是說未告許我們：理性存有之自我立法之運用於經驗界是如何可能的。

道德的哲學與自然的哲學既然分屬不同的領域，道德哲學的問題不能知解地說明，這無疑無可辯駁。但是，道德底哲學要能成爲一門有確然程序的學問，即是說，一種實踐的知識要眞正能建立得起，則必須對上述兩問題有一確定之說明。康德在這方面確實亦已煞費苦心，此有見於康德的「符徵說」之提出。在《判斷力之批判》中，康德如是說：

一切真實化(hypotyposis：或展示的呈現presentation：
拉丁subjectio sub adspectum)，即當作一種「有賴於感
性」的展現看的真實化，可有兩種方式。(1)當「相應於知
性所掌握的概念」的那直覺是先驗地被給與時，則真實化
是圖式性的（schematic）；(2)當概念是一個「只有理性能
思之，而且無有感觸的直覺能相應之」的概念時，則真實
化是象徵性的或符示性的（symbolic）。真實化只有此兩
途，或(1)或(2)。在第二種情形裏，概念之被提供之以直覺
是這樣地提供之，即：「處理此概念」的那判斷力之程序
只是類比於其在圖式程序中所遵守的那程序。換言之，那
與概念相契合者只是此「程序之規律」，而不是「直覺」
之自身。因此，契合只存在於「反省之方式」，而並不存
在於其內容。

儘管現代邏輯學家採用"symbolic"(符號邏輯之「符號」)
一字其意義是相反於一「直覺性的表象模式」（即只用作
「符號」義，而非具體的展現義），然而那是此字之錯誤
的使用，而且破壞此字之真正意義；因為"symbolic"（符
示或象徵）之本義只是一「直覺性的表象模式」。直覺性
的表象模式，事實上，是可分成「圖式性的」直覺表象模
式與「符示或象徵性的」直覺表象模式這兩種的。這兩種
「直覺的表象模式」皆表示「真實化」，即皆表示「具體
的呈現或展現」，而不只是一純然的「記號」(marks)。「記
號」只是概念之標籤（designation：Bezeichnungen），
這標籤是因著這辦法，即「伴之以感觸性的符號而卻與對
象之直覺無任何內在的連繫」這辦法之幫助而助成。「記

號」之唯一作用是依照想像之聯想法則而去供給一「召喚概念」之方法——是一純粹主觀的作用。⑮

康德上述引文所言「只有理性能思之，而且無有感觸的直覺能相應之」的一個概念，即理性的概念。依康德所言，「自由」作爲一個理性的概念，其眞實化是符徵性的，也就是說，其眞實化由「符徵性的」直覺的表象模式表示，而並非由圖式性的直覺的表象模式表示。康德強調：無論那一種直覺表象模式，皆表示具體的呈現或展現，而不只是一純然的空洞的符號。康德同時點示：理性的概念之眞實化之方式不同於知性的概念之眞實化之方式。因在理性的理念處不能有感觸直覺故，康德又不允許於「自由」說智的直覺，因此，他在這個地方藉助「類比」。康德說：

> 一切「先驗概念所由以被給與一立足處」的那些直覺，它們或是「圖式」（規模schemata），或是「符示」（象徵symbols)。圖式或規模含有概念之直接展現，而符示或象徵則含有概念之間接展現。圖式或規模其達成這種直接展現是證驗地達成之，而符示或象徵之達成間接的展現則是因著一種類比之助而達成之（爲此類比，我們甚至求助於經驗的直覺），在那種類比中，判斷力表演了雙重作用：首先第一，它是在將概念應用於感觸直覺之對象中表現作用，然後，其次第二，它又在「將其『反省於感觸直覺』之純然反省之規律」應用於完全另一不同之對象中表現作用：關於這完全另一不同之對象，那感觸直覺之對象只是其符示或象徵。⑯

依康德之見，知識之直覺模式與辨解模式相對反，但並不與符徵模式相對反。直覺模式或取圖式性之方式，或取符徵性之方

式。圖式性的直覺模式經由證驗而成，符徵性的直覺模式則只作為「遵循一純然的類比而成的」一種表象。❼康德在類比中求助於經驗的直覺，以提出一種符徵式的直覺形式。在《判斷力之批判》一書中，康德提出「美是道德地善者(道德的善)之象徵」。❽經由從一普遍的觀點來反省自己之判斷力，康德得以藉美學判斷中的「感覺之可傳通性」說明道德判斷中「依照理念而有的自發活動(自肯活動)」之快樂。於此，康德提出一「通於衆的『公感』之理念」的機能，不但美學判斷由此出，道德判斷亦由此出。

　　並且，在《實踐理性底批判》一書中，康德在「純粹實踐判斷底符徵」的標題下提出「自然之法則作爲自由之法則之符徵」一義。在那裡，牟宗三先生就康德的「符徵說」作了精闢的評述。牟先生之評述分三點：

　　　　第一，類比知解理性底判斷處之規模而說實踐理性底判斷處之「符徵」，這種類比的思考方式是否必要？道德法則既不需要推證(超越的證成)，自亦不需要第三者作媒介以使之下達，因此，這種類比的說法自不必要。因爲道德法則是一「事實」，依道德法則而行動，問題只是你行不行動。你若不行動，也沒有什麼巧妙的辦法（除教育外）使你必行動。你若行動了，則道德法則自然能應用於你的行動。所謂應用即是你的這行動乃依道德法則而來，這是一個實踐的縱貫關係，與「認知一對象」這認知中之橫列關係不同。在縱貫關係中，對象底存在，行動之存在，乃是「實踐地創生之」的存在；在橫列關係中，對象底存在（對象包括自然的對象與作爲事件的行動），行動底存在（行動非行動俱在內），乃是通過感性而被給與，這裡不

論創造。只要知道這兩種關係不同,類比即不必要。

但是,第二,既是縱貫關係,則從落於現象界之行動倒轉回去,說一個「符徵」之關係,以明與知識處之「規模」不同,且亦明此處根本不能說規模,這亦未始不可。❶

但是,第三,一個依格準而來的行動既是兩頭通,則把行動只說爲現象,似乎少了一層曲折,而亦影響符徵義之充分極成──符徵義自是可以說,但康德的表示不甚能徹底通透。❷

　　牟先生檢視了康德的符徵說之後,中肯地點出:符徵說只可就認知心之曲通說;而就無限心說,無限心即智的直覺,依無限心之理以及智的直覺而來的行動首先是「行動之在其自己」,此即實事實理,不必藉助類比。以此同時,牟先生即依儒家的智慧調暢康德系統中之刺謬。牟先生說:

　　依儒家的智慧,這已經是暢通了的。首先,心外無物,心是無限的心;既是無限的心,亦應生天生地,亦應有智的直覺。如是,天地萬物對此無限心而言,首先是物自身的身分,即是「無物之物」也;只當無限心坎陷而爲有限的認知心,成爲知性,隨感性以行,天地萬物之物自身的身分始被扭曲而爲現象。如是,無限心對物自身而言是直貫的,對現象而言是曲通的。就直貫而言,是目的王國,亦可以說是上帝王國。就曲通而言,認知心處普遍的自然之法則即返而爲自由之法則之「符徵」,不是它的規模,說「引得」或「指標」亦可,由之可溯其源也,因爲它本是曲通地從那個源頭而來也。依儒者,道德秩序即是宇宙秩序,自由之法則即是普遍的自然之法則,這自然之法則是就物

自身說，是說明物自身之「來源的存在」的，因此，認知關係中之自然法則便只好作自由之法則之符徵、引得、或指標。就吾人之實踐言，無限心即是理(自由之法則)，依此無限心之理以及其智的直覺而來的行動首先亦應是「行動之在其自己」，不是現象，此即所謂實事實理，現象只對認知心而言。如睟面盎背，聖人之「踐形」，揚眉瞬目，一言一動，俱是「知體之著見」，無限心之所引生，此即便只是行動之在其自己。人只為私欲間隔，無限心不能呈現，所以才邪行亂動，認知心隨而膠著其內，所以才只見有現象。若是承體順動，則首先只是物自身之身分，現象只對認知心而轉成。邪行亂動可去，而順動必然有，認知心不可廢，現象義亦不可廢。如是，現象處之自然法則便只是自由之法則之符徵、引得、或指標。「宇宙內事便是己分內事，己分內事即是宇宙內事」。此是以事攝物，攝物歸事。「萬物皆備於我，不獨人耳，物皆然，都自這裡出去」(明道語)。此是以物攝事，攝事歸物。不獨是吾人的實踐統屬於自由之法則，全宇宙亦由無限心提挈而為一大實踐，此是一整全的實踐過程。如是，康德系統中的那些刺謬便得一調整而暢通矣。但是這樣調整必須承認㈠自由意志是一無限心，㈡無限心有智的直覺，㈢自由不是一設準，而是一呈現。㉑

　　牟先生點出「無限心」，可謂一語扭轉乾坤。康德幾經艱辛未能得究竟義之難題當下消解。康德洞見到實踐理性之區別於思辨理性而等同於意志，實踐理性（意志）乃立實踐原則之機能，但未能圓滿解答這立法機能之立法作用是如何可能的。對於經驗

的實踐理性，其所立原則是材質原則，在這層立法中，立法作用是經由感性的直覺以及知性的知解原則而爲可能的，這一層康德給出很清楚的解答。但是，對於立道德原則之純粹實踐理性（純粹意志），其立法作用是如何可能的呢？康德卻無法給出令人滿意的說明。盡管康德有「符徵說」，又有從判斷力之批判而來的「公感」之理念之闡釋，但吾人仍然覺得康德關於「純粹意志爲道德行爲立法」這一層立法之說明實在有欠明確。

　　若依牟宗三先生之見，以「心」言意志(實踐理性)，那麼，吾人可說：認知心立材質的實踐原則，而道德心立形式的實踐原則（道德原則）。依儒家的智慧，道德心之立法機能靠感通明覺起作用。這道德心之感通明覺排除一切感性欲望的束縛，擺脫知解原則之拘限，當下呈露，當下即發道德法則，即當下見自由，亦當下就是本心之自照與照他──朗現物之在其自己，亦反照其自身而朗照其自身。牟先生稱這本心之感通明覺之自肯認其自己謂「逆覺體證」，牟先生云：「此謂本心之『自我震動』。震動而驚醒其自己者即自豁然而自肯認其自己，此謂本心之自肯；而吾人遂即隨之當體即肯認此心以爲吾人之本心，即神感神應自由自律之本心，此種肯認即吾所謂『逆覺體證』。即在此逆覺體證中，即含有智的直覺，如是，遂得謂吾人雖是一有限的存在，而亦可有『智的直覺』也」。❷

　　牟先生依本心之自照而言智的直覺，並依此智的直覺而知人之本心爲自由自律，此「知」乃是直覺及之，即朗現之，此之謂「以智知」。有學者或許會質疑：牟先生以本心之自照而言「智的直覺」，其言智的直覺之義是否即同於康德言「智的直覺」之義？欲消解這個疑團，當然要了解康德「智的直覺說」之原義。

　　人們通常牢牢記住康德說「人不能有智的直覺」，大多不了解在康德之哲思中，這只是「智的直覺」一詞的消極意義，遠不足以顯示康德「智的直覺說」的豐富函義，以及康德提出「智的直覺」之用意。康德說「人不能有智的直覺」，乃是就人類的知性只是「辨解的知性」（即需要有影像或形像始能接觸於具體現象，康德又稱之爲做本知性）而立言；但康德並未滯死於此辨解之知性，相反，康德是要從此種辨解知性之本性中之偶然性而引出原型知性之理念。❷❸原型知性康德又稱之爲「直覺的知性」，直覺的知性所發是智的直覺。康德在《判斷力之批判》中說：

> 在視「物質的存有」爲「物之在其自」己之情形中，那「構成諸自然形構底可能性之基礎」的統一性必應只是空間之統一性。但空間並不是事物底產生之一眞實的根據。空間只是事物之形式條件——雖然由這事實，即：「沒有空間中之部分能被決定，除其在關聯於空間之全體中，（因此，空間全體之表象是處在部分底可能性之基礎地位而爲其根據）」這一事實而觀之，空間實有點相似於我們所要尋求的那眞實根據。但是空間既不是事物之眞實根據，如是，則以下所說之一點便至少是可能的，即：「去視物質世界爲一純然的現象，並去思考某種『不是一現象』的東西，即去思考一『物之在其自己』，以爲此物質世界之基體」這一層意思便至少是可能的。而我們也可以把此基體基於一「與之相應」的智的直覺上，雖然這智的直覺不是我們所有的那一種直覺。這樣說來，對自然而言，且對「我們自己也形成其中之一部分」的那自然而言，一「超感觸的眞實根據」必可被獲得，雖不爲我們所可知。❷❹

又云：

> 如果我們人類的直覺須被認爲是特別的一種直覺，即是說，
> 是一種「對象在其面前只能算作現象」的直覺，則我們非
> 要把「另一種可能形態的直覺之思想」呈現於我們心靈上
> 不可。㉕

　　盡管康德無法達至「人類可有智的直覺」之結論，但康德堅
稱：「我們非要把另一種可能形態的直覺之思想呈現於我們心靈
上不可」，此「另一種可能形態的直覺」就是與作爲「物質世界
之基體」的物自身相應的智的直覺。我們可見到，康德提出「人
不可有智的直覺」，其用意是要將辨解知性所知限制在現象界，
因此對顯出本體界（即智思界，亦即道德的世界）之爲異質異層
之領域，本體界（智思世界，道德世界）的知識不爲辨解知性所
知，但只爲「直覺的知性」所知。康德提出「智的直覺」與「感
觸的直覺」相對顯，這對顯基於「現象與物自身之超越區分」之
洞見。依康德的洞見，感觸直覺表象的只是主體之當作現象，而
智的直覺則表象主體之在其自己。康德在《純粹理理性之批判》
中就說：如若該主體之直覺只是自我活動，即是說，只是智的直
覺，則該主體必應只判斷其自己。㉖

　　康德言「智的直覺」是要點示出：智的直覺只判斷主體之在
其自己，即：本體界之知識乃相應於智的直覺之知識。此乃康德
「智的直覺說」之一重要函義。此外，我們不能忽視，康德言
「智的直覺」還函創生性之意義。康德在《純粹理性之批判》中
稱「智的直覺」爲根源的直覺，而「感觸的直覺」只是派生的直
覺，根源的直覺是「『直覺自身就能把直覺底對象之存在給與於
我們』那樣的直覺」。㉗「直覺自身就能把直覺底對象之存在給

與於我們」，此即是智的直覺之創造性。被給與即被產生，不是認識論地被給與，而是存有論地被產生，也就是說，被創生。㉘

康德「智的直覺說」之深奧哲思實已帶我們達至開朗本體界(道德世界)之大門前，康德那麼渴望打開這道大門，並且他確實緊握著眞正的鑰匙，卻無法找到大門的秘鑰。假若西方如中國般有一個實踐的唯心論之深厚傳統，恐怕康德不致於那麼無助，不得不只限於概念上思考「智的直覺」之意義與作用。依中國的實踐的唯心論，本心的感通明覺於道德踐履中朗現道德主體之在其自己，同時創生道德世界之一切實事實理，此即體現了康德「智的直覺說」之全部義函。因此，吾人實可依中國實踐的唯心論消化康德的實踐的理念論㉙，則可說從思辨的知性開出現象界的存有論；從以本心言之純粹實踐理性(純粹意志)開出本體界的存有論。在現象界的存有論之領域，起作用的是認知主體，相應之直覺是感觸直覺，此直覺之先驗形式乃時間、空間。在本體界的存有論之領域，道德理性(即道德心)乃唯一眞實本體，相應之直覺乃智的直覺(智的直覺乃道德心之作用)，此直覺之先驗形式乃自由。道德心是眞實，是呈現，故本體是眞實，是呈現，自由亦同時是眞實，是呈現。至此，兩層存有論得以極成而無虛歉。這難道不就是康德畢生追求而樂於見到的圓滿極成嗎！康德若有知，必定慨嘆：批判哲學之善紹不在西方而在中國。

未來哲學必是儒家與康德融滙而成之實踐唯心論的大流。此乃牟師宗三先生之眞知灼見。

【註釋】

❶牟宗三著《歷史哲學》，香港人生出版社，民51年3月初版，74-75頁。

❷參看Henry E. Allison: "Kant's theory of freedom", Cambridge University Press 1990, p. 184.

❸參看李榮添著《從黑格爾看康德之道德哲學》，臺灣《鵝湖學誌》第五期（1990年12月），89頁。

❹王陽明著《傳習錄》，葉鈞點註，台灣商務印書館印行，民國56年4月第一版，121頁。

❺依康德之見，只有道德哲學能稱爲「實踐的哲學」。因爲「『理性之依自由之概念而來的實踐的立法作用』就是那被名曰『道德底哲學』者」（《判斷力之批判》上冊，108頁）。而那些在數學，物理，或其他經驗學科中叫做「實踐的」命題恰當地說只能被名曰「技術的」，因爲它們依據的是知解的原則，而不是自由的原則。

❻《純粹理性之批判》上冊，51頁；Bxxxviii

❼《實踐理性底批判》，康289

❽熊十力著《讀經示要》，台北廣文書局，民國49年5月重版，自序，1頁。

❾同註六，11-14頁；Avii-Axii

❿同註六，486頁；A247

⓫《人生》120期，民國44年11月。收入牟宗三著《歷史哲學》，香港人生出版社，民國51年3月出版。

⓬同註十一。

⓭H.D.阿金著《思想體系的時代》，北京光明日報社，1989年3月第一版，65頁。

⓮同註十三。

⓯《判斷力之批判》上冊，419-420頁。

⓰同註十五，420頁。

⓱同註十六，參見康德的註。

⑱同註十五，422頁。

⑲《實踐理性底批判》，康238-239

⑳同註十九，康240頁

㉑同註十九，康241-242頁

㉒牟宗三著《現象與物自身》，台灣學生書局，民國79年3月初版，101頁。

㉓《判斷力之批判》下冊，93頁。

㉔同註二十三，94-95頁。

㉕同註二十三，87頁。

㉖同註六，163頁；B68

㉗同註二十六，172頁；B72

㉘參看牟宗三先生在《純粹理性之批判》(上冊，165頁)中所寫的案語。

㉙通過《純粹理性之批判》，我們知道康德就時間、空間、與現象三項表出經驗實在性與超越的觀念性，因而言「經驗的實在論」與「超越的觀念論」。但我們或會忽略，康德的道德哲學實展示出一個「實踐的理念論」。吾人必須將「實踐的理念論」與就純粹知性而立言之「超越的觀念論」區分開。

總結篇　康德哲學之根源洞見

總1　科學的形上學所以可能之必要預備
——阻止認識論僭越本體論

　　康德乃哲學史上數位具原創性的哲學家之一❶，這當該已成哲學界的共識。但是，能肯認康德之根源洞見者並不多，這同樣是一個事實。大多數哲學工作者樂意承認康德在知識領域掀起的哥白尼式革命，好像康德的原創性僅是認識論的，或方法論的，至於康德哲學的根源洞見———個異於傳統的終極存有之哲思，由道德進路建立形上學的慧識，卻被有意無意的忽視，無法如自然科學知識般獲得普遍一致的接納。

　　《純粹理性之批判》的讀者必知道康德改變了「一切我們的知識必須符合於對象」的信念，這個信念在康德之前被哲學家們普遍接納。經驗主義者認爲主體感官所認識者乃客觀事物的模本，而理性主義者則以爲主體思維所認識者乃客觀事物之實在。盡管經驗主義與理性主義相互排斥，但二者皆相信「主客體一致」是自明的原理。依康德看來，經驗主義者錯把客體的現象看作事物本身，而理性主義者則因著專斷地使用上帝賜於的前定和諧而犯上將思維等同於眞實存有的錯誤。康德經由「對象符合於概念」之主張化解傳統哲學在「主客關係」問題上的固結。依照康德的見解，主客關係不再是存有領域的命題，而只是現象意義的關聯。

落在主客關係中,「主」並非主體之在其自己,「客」亦非客體之自身。如此一來,康德得以將經驗之客觀實在性限定於現象領域,同時即透出另一領域,那就是一個超越主客關係的領域,物自身的領域,康德名之曰「自由的領域」。

　　康德經批判揭示:我們心靈的本性對一切物之為吾人之感官的對象有一種概念的有效性。我們心靈中這種產生概念的能力,康德名之曰「知性」。知性「把一切現象都包含於它自己的法則之下,從而首先先天構造經驗」。❷因而也就是說,知性為「作為可能的經驗的對象的自然界」立法。「知性為自然立法」無疑是認識論方面的一項原創性的洞見,然而,吾人實應注意到,康德純粹知性批判工作之目標並不落在認識論,而是要如實如理地將認識論限制在現象領域,有效地阻止其僭越形上學之企求。用康德的話說,這是一門「一般現象學」,它作為一門獨特的科學必須走在形而上學前面,經由它規定感性原則的效力和範圍,以防止它們攪混關於純粹理性的對象的判斷,並得以確保真正的形上學能避免感性存在物的混入。❸

　　誠然,康德在《純粹理性之批判》費大力氣解答經驗知識所以可能的問題,粗心的讀者容易誤解,以為其旨趣就在認識論的革新。其實,康德在他的批判工作一開始即旨在要建立一門具學問之確定性、完整性、通貫性,以及理性立法系統之不可變更性的形上學。❹《純粹理性之批判》第一版序言一開首,康德就道出形上學的困局:一個「無止境的爭辯之戰場」。❺他在《任何一種能夠作為科學出現的未來形而上學導論》一書中做了一個恰切的比喻:「形而上學就是如此,它象泡沫一樣漂浮在表面上,一掬取出來就破滅了。但是在表面上立刻又出來一個新的泡沫。

有些人一直熱心掬取泡沫，而另一些人不去在深處尋找現象的原因，卻自作聰明，嘲笑前一些人白費力氣」。❻顯然，康德盡管對舊有形上學之虛假說教表明他的厭倦，但他並無意就此放棄形上學。相反，正是形上學未能走上一門學問之確當途徑這一事實激發康德去考慮一個觀點上的革命。康德說：

> 「一切我們的知識皆必須符合於對象」，這是迄今以往已被假定了的。但是，依據這假定，一切試想去擴大我們的「對象之知識」，即因著「就對象，憑藉概念，而先驗地建立某種東西」這種辦法而去擴大我們的對象之知識，這一切試想皆終歸於失敗。因此，我們必須試一試，是否我們在形而上學底工作中不可有更多的成功，如果我們假定：對象必須符合於我們的知識。這個假定必更契合於那所欲者，即是說，「先驗地有對象之知識，就著對象先於對象之被給與而決定某種東西」，這必應是可能的。這樣，我們一定要準確地依哥白尼的基本假設(第一思想)之路線而前進。❼

又說：

> 如果哥白尼不曾敢於依一「違反於感取但卻是真的」之樣式，不在天體方面，但卻在觀察者方面，去尋求這被觀察的運動，則那不可見的力必永遠存留在那裏而爲不被發見的。類比於這個假設的那個觀點中的改變，在本「批判」中所展示者，我先只把它當作一假設陳述於此「序文」中，我之所以如此作，目的是想要引起注意，注意於這樣一種改紋之首次嘗試之性格，這首次嘗試開始時總是假然的。但是，在這「批判」本身中，這「觀點中之改變」將依我

們的空間與時間之表象之本性以及依知性之基本概念而爲
必然地被證明了的，而不是假然地被證明了的。**❽**

　　從康德的宣示，我們可了解到：康德的純粹知性批判之工作
（時間與空間之表象之本性及知性之基本概念衡定）目的在於給
「對象必須符合於我們的知識」這一新觀點以必然性的證明，必
然地證明之，其目的又在於要藉此給形而上學以一學問之確定途
徑。依康德批判工作所示，新觀點帶出了兩項舊形而上學無法達
至的成就：一、依照「對象必須符合概念」這一新觀點，我們即
能夠有源自先驗概念的先驗知識，並能夠有形成自然（作爲經驗
對象之綜集的自然）之先驗基礎的法則，據此，我們即能夠有一
個確定的自然之形上學。這一點是舊有形上學無法達至的，因爲
舊有形上學將對象自身視作我們知識之對象，採取這種觀點，吾
人無法先於對象而先驗地有對象的知識。二、依照康德所採取的
新觀點，我們關於對象的知識只能是對象之爲現象之知識，而物
自身是眞實的，盡管物自身不爲我們所知。因而，我們可確定地
說，我們對物自身絕不能有知識，就是說，我們不能從知識論的
進路建立本體界的形上學，但一個本體界的形上學是可能的，並
且是必需的。藉著新觀點而必然而有之「現象與物自身之超越區
分」，康德得以合理地在自然之形上學外另建本體界之形上學。
前者的根基是現象界，而後者的根基是道德。

　　一七七二年二月，康德致函他的學生兼朋友赫茨，信中提到
長期以來形上學研究中欠缺某種本質的東西，這本質的東西正是
八年後面世的《純粹理性之批判》所採用的新觀點。信中如是說：

　　現在，我正著手把這個計劃寫成一部作品，標題爲《感性
　　和理性的界限》。我想把它分作兩部分，即一個理論部分

和一個實踐部分。理論部分又可以分作兩章：(1)現象學一般；(2)形而上學，而且僅僅依據它自己的本性和方法。實踐部分也分作兩章：(1)感受性、鑒賞和感性欲望的普遍原則；(2)德性的最初動機。當我對理論部分的整個篇幅以及各部分的相互關係加以詳細思索時，我發現自己還欠缺某種本質性的東西。在長期以來的形而上學研究中，我和其它人一樣忽視了這種東西，但實際上這種東西構成了揭示這整個秘密的鑰匙，這個秘密就是至今仍把自身藏匿起來的形而上學。於是我反躬自問，我們的所謂表象與對象的關係是建立在什麼基礎之上？的如果表象僅僅包含了主體被對象刺激的方式，那麼就很容易看出，對於對象來說，表象作為一個結果是與它的原因一致的。我們心靈的這種規定性能夠表象某種東西，即能夠擁有一個對象。因此，被動的或者感性的表象與對象有一種概念的關係，由我們心靈的本性產生的基本原理對一切物（就這些物是感官的對象來說)有一種概念的有效性。同樣，如果我們的所謂表象對於客體來說是能動的，也就是說，如果就象人們把神性的知識說成是事物的原型那樣，對象是通過表象而被創造出來的，那麼，表象與客體的一致也就可以理解了。❾

　　顯然，康德洞見到人類心靈的創造力，這個創造力首先表現為知性產生概念的能力。建基於「對象符合概念」之新觀點上的先驗感性論與先驗知性論盡管只限制於經驗領域，但因著這個新觀點而來的現象與物自身之超越區分則表明需要有先驗感性論與先驗知性論作為科學形上學之預備。此預備工作的眞正作用就是要嚴格區分認識論與本體論，阻止知性概念冒充眞實的本體。康

德洞見到：舊形而上學中感性的普遍法則不適當地扮演了一個重要角色，而形而上學的關鍵卻僅僅在於純粹理性的概念和基本原則。康德說：

> 一門完全獨特的、盡管是純粹否定性的科學(一般現象學)必須走在形而上學前面，這門科學規定了感性原則的效力和範圍，以便它們不至於象至今一直發生的那樣，攪混了關於純粹理性的對象的判斷。因為就經驗認識以及感官的全部對象來說，空間、時間和公理在考察所有處於這種關係之中的事物時，都是很現實的，確實包含了一切現象和經驗判斷的條件。但是，如果某物根本不是被看作為感官的對象，而是由於一個普遍的、純粹的理性概念而被看作一個物或者一個一般的實體等等，那麼，倘若人們把它們歸屬在所謂的感性基本概念之下，就會產生非常錯誤的見解。❿

依照康德的洞識，在真正的形而上學得以建立之前，必須將知性為感性世界規定的概念及感性的原則與理性自身產生的概念及法則嚴格地區分開。前者涉及到「對象」，要解答「對象是什麼」，後者不涉及對象，而是按照理性的概念與法則去實現理性自己產生的對象。

總2　形而上學是理性自己產生的子女

康德堅持：一個概念的客觀實在性要具有作為知識的資格，則這個概念指表的對象必須能在一個與這個概念一致的直觀中表現出來。❶據此，無論是經由抽象的手段而來的「存在者的存

在」，或是經由形式邏輯的方法而來的「實存的存在者」，皆只能是形式的空洞的本體。吾人不能憑藉這空洞的本體而得有知識。因而，康德可肯斷，西方傳統哲學以「對象是什麼」的方式追尋本體的知識之種種努力注定徒勞無功，不管他們是以客體爲對象，或是以主體爲對象，無一能幸免失敗的命運。康德的洞識宣示一切將形上實體客體化、對象化、感性化的舊有形而上學爲非法。他在1772年2月給他的學生及朋友赫茨的信中嚴厲地批評柏拉圖以降諸哲學家：

> 柏拉圖假設了一個過去對神的精神直觀，以此作爲純粹的知性概念和基本原理的本源。馬勒伯朗士則假設了一個對這種原初存在物進行的持續不斷的直觀。就最初的道德法則來說，各種各樣的道德主義者所假設的正是這種東西。克魯秀斯則假定了某些植入的判斷規則和概念，上帝爲了使它們與物互相諧合，而按照它們必然存在的方式，把它們植入人的心靈之內。人們可以稱前幾種體系爲influxum hyperphysicum[超自然的影響]，稱後一種體系爲 harmoniam praestabilitam intellectualem[理智的前定諧合]。不過，在規定認識的起源和有效性時，這種救急神是人們所能選定的最荒唐不過的東西。除了在我們知識的推理序列中造成迷惑人心的循環論證外，它還有另一種弊病，即助長某些怪念頭、某些或莊重或苦思冥想的虛構。⓬

康德道出舊形上學的敗績，並不是要主張一勞永逸地取消形上學。相反，康德比任何哲學家都看重形而上學，他將形而上學視作一門關係人類眞正的持久幸福的學問，他在1766年4月給門德爾的信中表露：「客觀地說，我還遠遠沒有發展到那種地步，

居然把形而上學本身看做是渺小的或多餘的。一段時間以來，我相信已經認識到形而上學的本性及其在人類認識中的獨特地位。在這之後，我深信，甚至人類眞正的、持久的幸福也取決於形而上學」。⓭

正是形而上學的困境激發康德要在這門學問中開闢出一個新紀元。康德在《純粹理性之批判》序言中宣告「形而上學底進行程序迄今仍猶是一純然地胡亂的摸索，而且是一切摸索中最壞的一種摸索，在純然的概念間的一種摸索」⓮這樣一種長久的困局要由他的批判哲學去打破。康德在他的批判哲學一開始就表明他已把握到一門具有任何科學所具有的確定性與清晰性的形而上學，非但如此，較之只具有現象意義之客觀實在性的自然科學而言，眞正的形上學作爲一切學問之學問，它具有無可比擬的優越。那就是，眞正的形上學是一建永建地被建立起的，它是一門盡未來世保持不可變更性的學問。⓯這肯斷出自一生以反對「輕易的玄想」爲己任的康德，必不能看作淺薄之徒的口出狂言。康德的堅稱實在是基於他正當地視形而上學爲「理性自知」之學，這門學問是非歷史的，獨立不依於外在對象與一切經驗材料而成立。形而上學是最高的智慧，它在平凡生活中隨處可見，不爲時代所拘限，亦無地域與種族之限制，它的根源超越任何經驗事實而由人類理性單獨提供。

人類理性固然無權在一切可能的經驗之外做出一個客體自身可能是什麼樣子的確定概念，若否認這一點，則理性必陷入辯證之虛幻。但是，我們也不能遏止理性探求物自身的正當目的，因爲「從被制約者向它的制約者前進」這是理性由其本性而來的願望。康德說：

理性看得明白：感性世界並不能含有徹底性；作為理解感性世界之用的一切概念：空間、時間以及我曾經在純粹理智概念的名稱之下提出的一切東西，也都不能含有徹底性。感性世界不過是按照普遍法則把現象連結起來的一種連鎖，因此它本身並沒有自存性，它並不是自在之物本身，因而必然涉及包含這種現象的基礎的東西，涉及一些存在體，這些存在體不是單純當做現象，而是當做自在之物來認識的。理性的願望是從被制約者向它的制約者前進，理性認識上述這些存在體就能夠希望滿足走完這個進程的願望。❻

依照康德的洞見，人類的形上學智慧透顯的是人作為有限理性存有而具有的一種超越感性世界、現實世界的願望與能力，本原不在神，而在人的純粹理性。其系統不能基於一個前定的第一原理，它不能是一個全知的系統。它由理性自身的本性所規定，有其限制，同時也就在限制中見其超越性與無限性。純粹理性獨立於一切經驗原則而作判斷，它的領域先驗地存在於我們自身之中。康德在1776年11月給赫茨的信中說：

為了按照可靠的原則，勾劃出這個領域的整個範圍、部門的劃分、界限和全部的內容，並且立下界標，使人們今後可以確切地知道，自己是否置身於理性或者理性思維的基地上，就需要有一種純粹理性的批判、一個純粹理性的學科、一種純粹理性的經典和一種純粹理性的建築術，因此，也就需要一門正式的科學。為了建立這門科學，不需要以任何方式利用現存的科學。這門科學需要完全獨特的技術表達，以作為自身的基礎。❼

康德以畢生精力開闢的正是這個純粹理性的領域，他稱這領域爲「形而上學的形而上學」。⑱康德經由三大批判引領我們透入理性創造的本原，他關於人類理性的本性與能力之洞見並非主觀的憑空臆想，而是深深扎根於人類文明活動的事實。當然，康德關注的並不是繁雜無章的歷史事件如何能納入規律性的串列之中，甚至也不處理普遍性與歷史上之個性間的矛盾，盡管這矛盾是康德深刻地意識及之者。康德的工作著眼於從一切可能的人類活動的事實去追問其所以可能的先驗形式。這些先驗形式是我們人類心靈的產物，它們沒有具體內容，不由經驗產生，但是，它們在產生經驗中顯現自己，同時即獲取具體的內容。

康德說：「我的出發點是文明化了的人」。⑲確實，康德哲學中的「人」不是原始狀況的人，康德注視的焦點並不落在人的自然生命。康德從文明化了的人追問其所以能文明化的先驗根據，由此衡定理性之能力。康德批判哲學是要提醒吾人關注自己作爲一個人格性的人、自由的人，即作爲一道德的存有應有的一切理性能力，經由理性確定自己的價值及一切存有之價值。康德曾經說過：「如果說的確有那種確實符合人的需要的科學，那麼這就是我所研究的科學，即能夠恰當地給人指出他在世界所占的位置的科學，它能夠教給我們：要想成爲一個人，我們該做些什麼」。⑳

總3　一切可能形而上學之歸結
──道德的形上學

康德經批判工作揭示：理性是我們人類本性中的立法能力。

一方面，理性顯示其自己爲一「爲自然立法」之能力，它持有它自己的原則，一致的現象只有依照理性的原則才能被承認爲等值於法則。理性之接近自然是以「一個被任命的法官之性格」接近之㉑，而非盲從之。另一方面，這種能力也與理念相連結，這種連結康德用「應當」一詞表示。㉒依照理性之能力，吾人可說：通過經驗提供給我們的對象其自身不可理解，但如果以理性的立法作標準，則我們對於現象之自然能有一確定的說明。在這個意義上，康德得以說一門「自然之形上學」可確定地一建永建地建立在理性之思辨使用上。理性能力不止於此，理性之「從被制約者向它的制約者前進」之能力必然要引導吾人昇得愈來愈高而超出自然界，如此一來，我們完全離開能夠提供給我們的對象，我們因著理性之能力而進入一個超感觸的世界，在那裡，我們追問的不再是「對象是什麼」，我們注視的是行動的普遍法則。康德說：

> 自然界裡有不少不可理解的東西（如生殖的能力），但是當我們升得更高一些超出自然界，則一切在我們又都是可了解的了，這話聽起來不過是奇談，但也並不奇怪；因爲那樣一來，我們就完全離開了能夠給我們提供的對象，我們對待的問題就只剩下理念了，而這樣做的時候，我們就很可以理解理性通過理念給理智在經驗的使用上所制訂的法則，因爲這種法則是理性本身的產物。㉓

又說：

> 如果我們完全脫離自然界，或者當我們追隨自然界的連結而超出一切可能經驗，進到純粹理念中去時，我們就不能說對象在我們是不可理解的，不能說物的性質給我們提出

不可解決的問題；因爲那時我們所對待的不是自然界，不是一般既定的東西，而僅僅是導源於我們理性的一些概念，一些僅僅是思維存在體，而這些東西的概念裡產生的一切問題，都一定是能夠解決的，因爲理性對它本身的做法無疑是能夠而且必須報告出來的。㉔

康德要告訴我們的是這樣一個理性事實：理性除了在其關於自然方面之思辨使用中引至世界最高原因之絕對必然性外，它在實踐領域亦引至一個理性存有之行爲法則之絕對必然性。這個具絕對必然性的行爲法則即道德法則，這道德法則是理性本身的產物。當理性自身服從這道德法則，則吾人可說理性因著它的純粹自動的創造力把人自己與任何別的東西區別開，甚至亦與當作現象看的他自己區別開，它把人帶進一個超越感取世界的領域，這個領域就是道德的領域。也就是說，理性之實踐機能創造人爲一睿智體，這睿智體的人（即服從道德法則的人）乃道德世界的本原，也就是超感觸界（亦即睿智界）的唯一能眞實化的本原。在這個意義上，吾人得以說「道德形而上學」可確定地一建永建地建立在理性之實踐使用之基礎上。同時可理解康德說：「我們的理性，象生了自己的珍愛的子女一樣，生了形而上學；而形而上學的產生，同世界上其他任何東西一樣，不應該看做出自于偶然，而應該看做是爲了重大目的而明智地組織出來的一個原始萌芽。因爲形而上學有其不同于其他任何科學的基本特點，即它是自然界本身建立在我們心裡的東西，我們決不能把它視爲一個信手拈來的產物，或者是經驗進展中的一種偶然的擴大」。㉕

依康德之言，形而上學是一門與我們人類的本性相關的學問，它由理性自身之本性所規定。因應著同一理性的思辨使用與實踐

使用之區分，康德規劃出形上學的兩個領域。《純粹理性之批判》第二版序言明示：一個完整的有組織的純粹理性之學問包括一自然之形上學與一道德之形上學，前者必須建基於思辨理性之批判之眞理性，而後者則建基於實踐理性之批判之眞理性。❷的確，從學問的典要說，康德依理性之本性而籌劃的形而上學必須包括自然之形上學與道德之形而上學，甚而，我們知道康德因應傳統形而上學的三個基本理念（上帝、靈魂不滅、自由），在其《實踐理性底批判》之辯證部中經由這三個理念作爲純粹實踐理性之必然設準（postulaten）而展示出一道德的神學。但我們不能因此誤解康德，以爲康德主張二元世界或多元世界。康德明白表示：在自然之形而上學領域，先驗理念只作爲經驗之綜集而有軌約作用，它們本身並無客觀實在性。「自然之形而上學」之「自然」只「作爲可能之經驗的對象的自然界」❷，而並非作爲自在之物本身的自然界。在道德的神學範圍內，三個先驗理念只是作爲純粹實踐理性之設準，它們之被先驗地結合於宗教中只是因著道德法則所命令的對象之故。康德清楚表明：這些實踐理性之設準只是依必然的實踐法則而設定，「此被設定的可能性」之確定性總不是理論的，因而就是說，不是客觀地決定了的必然性，它們「不是就『對象』而說的一種已被知的必然性，但只是就『主體』而說的一種必然的設定」。❷依康德之言，道德的神學屬理性的信仰之事。

　　上帝、靈魂不滅、自由，這三個先驗理念中，前兩者從未能在康德哲學中獲得眞實本體的地位，也就是說，「上帝」、「靈魂不滅」除了把它們自己附隨於自由之概念而取得意義外，吾人絕不能理解它們的可能性，遑論說理解它們的現實性。❷通貫地

了解康德的三大批判，當可肯斷：康德的哲學體系中並無多元世界，亦無多個本體。康德批判工作要彰顯的唯一能眞實化的本體是「自由」，而人作爲道德的存有，是唯一能在服從道德法則之行動中使「自由」眞實化者。三大批判一步一步展示出理性之能力，從經驗的組織者，到行爲之普遍法則之制訂者，最後，在道德的目的論下，理性是一種顯示人爲一道德的存有，同時展現一道德世界之眞實性之創造力。

僅僅自然世界，並不需要有一形而上學，唯有作爲道德存有的人於自然世界之外開闢出一個道德的世界，才同時產生一形而上學。道德世界既是超感觸的，同時亦是眞實的，道德存有的人就是這道德世界之創生實體。理性在服從自己頒發的道德法則之實踐中創造人爲「道德的存有」，道德存有的人就是人的物自身，理性創造之，故亦能認識之。憑藉理性，人認識自己即創造自己，創造自己即認識自己。人開創道德世界即認識道德世界，在這個領域，創造之即認識之，並無認識論與本體論割裂的問題，亦無主客結合的問題。人作爲有限的理性存有不能理解上帝創造的世界，但人有充分能力理解自己創造的世界。人作爲道德的存有是道德世界的眞實本體。至此，吾人可說，道德的形而上學是究極意義之形而上學，它堪稱爲一門永久不變的學問。

誠然，直至最後一個批判，康德才清晰透出其道德形而上學的洞識。在第一批判，他的主題在理性的思辨使用，在那裡，理性是受限制的，其立法作用只能是軌約的，它絕不能知物自身。但吾人不可忽略，康德在寫作第一批判的時候已明示那只是他的批判工作的第一步，而且只是消極的一步，這一步工作是要爲純粹實踐理性的使用合法地開闢一領域。在第二批判，即《實踐理

性底批判》，連同其預備工作(《道德底形上學之基本原則》)，其主題進至純粹實踐理性，在那裡，康德分析地，以及批判地確立純粹實踐理性(即自由意志)的眞實性及客觀妥效性，同時即對於純粹實踐理性先驗地供給的道德法則之絕對普遍性有一說明。但康德並未表示：先驗地供給道德法則的純粹實踐理性（自由意志）本身即是宇宙的本原。

康德經由實踐理性之批判工作達致這樣一個結論：自由之理念爲道德法則所顯露，它的實在性因著道德法則而被證明。❸❶但是，直至《判斷力之批判》，康德才明確地表示：「自由」是唯一的一個屬於「事實之事」的先驗理念，並進一步在「目的論」原則下如理地透出「道德的存有」(亦即自由意志)乃宇宙之本原之洞識。當康德在《判斷力之批判》中提出：自由之理念可以發出一確定的因果性法則（道德法則），並在行動中把其自己之實在性當作一「事實之事」而實化之。❸❶「自由」再不是一個只是形式地建立的概念，而是能「經由其自然中可能的結果來證明其自然中客觀的實在性」❸❷的事實之事。康德作爲一個哲學家，步步分解乃其份內事，根源之智慧亦需批判地逼出。「自由」這超感觸者要具宇宙本原之意義，除了說明它能在自然中實化，還得將「宇宙」規定在「目的論」原則之下。即便目的論原則之提出，康德亦就「目的論」之可分爲「自然目的論」與「道德目的論」而分而論之。第一步論「自然目的」原則下，具成熟知性的人也不過是現實相對等級中自然目的之最後一級目的，而人只歸於自然。必致第二步論「道德目的」原則，人作爲道德的存有才堪稱爲宇宙本身的終極目的，由此才能透出「建立並服從道德法則的人」乃創生實體之洞見。康德說：

如果世界只由無生命的存有而組成,或甚至只部分地由「有生命的但卻是非理性的存有」而組成,則這樣一個世界底存在必不會有任何價值,因爲在這樣的世界中必不會有任何存有它對於「什麼是價值」會有絲毫概念。另一方面,如果世界中實存在著理性的存有,又如果雖即存在著理性的存有,然而這些理性的存有之理性卻只能夠在「自然對這些理性存有」所有之關係中,即是說,只能在「這些理性存有之福利」中,去安置「事物底存在之價值」,而並不能夠由根源處,即在這些理性存有之自由中,去爲這些理性存有自己獲得一種存在之價值,如是,則在世界中誠可有相對的目的,但卻並無絕對的目的,因爲此類理性的存有之存在必總仍然會空無一目的。但是,道德法則在一「無任何條件」的目的之形式中,因而結果也就是說,即在一終極目的之概念所需要的那形式或樣子中,去爲理性規定某種事,這乃正是道德法則之顯著的特徵。因此,單只像那「在目的之秩序中能夠是其自己之最高法則」這樣一種理性之眞實存有,換言之,單只那「在道德法則之下服從道德法則」的理性存有之眞實存在,始眞能被視爲是一個世界底存在之終極目的。❸❸

又云:

人之存在底價值乃是這樣的價值,即這價值乃單只是人所能給與其自己者,而且這價值亦正存於人之所爲者,正存於「人在意欲機能(意志)之自由中活動」所依靠的那樣式以及所據的那原則,這價值亦並不可被視爲是自然底連鎖中之一環節。換言之,一個善的意志乃正是人之存在所單

> 因以能有一絕對價值者，而且在關聯於善的意志中，世界
> 底存在始能有一終極目的。㉞

　　依康德所言，理性存有之「自由」乃「事物底存在之價值」
的根源。如果沒有了理性存有之「自由」，則一個有終極目的的
價值世界(即道德世界)不可能產生與存在。康德在「道德的目的
論」原則下，於自然世界之外開闢出絕對價值的世界，即道德的
世界。《判斷力之批判》引論提出：判斷力這一機能以其所有的
「自然之一合目的性之概念」作媒介，使「知性之立法」轉到「理
性之立法」爲可能，並使「從依照自然之概念而有的合法性轉到
依照自由之概念而有的終極目的」爲可能。㉟依康德之言，作爲
感觸界的自然概念之界域與作爲超感觸界的自由概念之界域兩者
間存有一固定的鴻溝，但縱然如此，自由之概念卻要求把道德法
則所提薦的「目的」實現於感觸界。於此，一個康德式的三分的區
分透露出：(1)被制約的感觸界，(2)能制約的超感觸界，(3)由「被
制約者」與「制約之者」之聯合而產生之第三概念——道德世界，
價值世界，即人文化成的世界。就人文化成的世界而言，吾人可
肯斷：自由，也就是說「在道德法則下服從道德法則」的人乃世
界的創造者。康德說：「唯道德的目的論始能供給那『適合於一
神學』的一個獨特的世界底創造者之概念」。㊱依康德「道德的目
的論」的理路，此適合於神學的「世界底創造者」的概念，不再
是超絕的人格神化的上帝，而毋寧說是從絕對性上說的一個「作
爲道德存有的人類」之理念。

　　吾人不能對先驗理念有知解的知識，就理性之思辨使用而言，
先驗理念只是一個空概念。但是，就此便指責康德把理念貶爲形
式的空洞的，則是大誤解。康德所以要花大力氣否決先驗理念在

知解知識方面的構造作用，其用意在破除獨斷理念論之虛幻，以便合法地建立先驗理念之眞實領域，這個領域只能是道德世界。在道德的領域，「自由之理念」、「人類之理念」不是一個待認知的對象，而是「創造者」，它在創造中顯示自己，從而獲得具體的內容。由此可見，康德與儒家的道德形而上學同一根源智慧。

儒家並不隔絕人而言一孤懸的天道、道體，用康德的詞語表達，天道道體不是一個超絕的理念，也不是人格神。儒家言天道之爲創造本原必落實在道德心之創造性上說。若拘限人的道德心性之作用於個人的行爲規範而不能提昇至與天道一，則不合道德心實有之自覺體無限的精神。如此受拘限的心性只能是心理意義、經驗意義的心性，不得謂之道德心性。此正如康德謂心理意義、經驗意義的自由只是相對意義的自由，不得混同於絕對的超越意義的自由。天道、道體之只就人（理性存有）之實踐說，就是道德心；而道德心自其客觀而絕對之意義說，就是天道、道體。天道、道體不立，人心有限而流蕩；道德心不彰，則天道、道體孤懸而虛幻。用康德的詞語表達，道德心性(即天道、道體)即先驗理念，這先驗理念不是認知的對象，而是創生道德世界之本原。

橫渠云：「天體物而不遺，猶仁體事無不在也」(《正蒙·天道篇》)。明道云：「只心便是天」(《二程遺書》第二上)。象山云：「宇宙便是吾心，吾心即是宇宙」(《陸九淵集》卷二十二)。至哉！大儒也。

康德雖沒有以「心」字表示超越義的實體義的心，看來似有大異於儒家之以道德心性爲本根而建立之道德的形而上學。然通貫康德三大批判而觀，這個表面之差異實可化解。首先，吾人須眞切了解康德所言「純粹實踐理性」之意義。康德在理性之思辨

使用之外突出理性之實踐使用之優越性，依此兩種使用之區分，吾人可說思辨理性是「理」，而不能視純粹實踐理性為只是理，純粹實踐理性(自由意志)立道德法則，因而創造一個道德世界，由此可說，純粹實踐理性(自由意志)義同於儒家所言心即理之超越義的實體義的心。它不是感觸直覺的「對象」，吾人亦不必以「對象」視之。它是一創造實體，吾人由其創造的結果以客觀地肯認它證實它，而不必依賴直覺與知性之作用客觀地決定它證明它。❸❼

　　純粹實踐理性（自由意志）之意義明，則吾人應明，自由意志之立法雖只是純然的形式，但這形式不僅具邏輯的性格，同時具存有論的性格。有學者批評康德之「道德法則」僅從邏輯推理引出。❸❽並譏之為「空洞的形式」。殊不知，道德法則之為道德法則不能不是形式，此在儒家與康德皆同。誤解所由生，其蔽在只知邏輯意義的認識論意義的形式，而不知存有意義的創造義的形式。道德法則之為形式屬後者而非前者也。

　　誠然，康德在《純粹理性之批判》只是對「自由之概念」作可能性之說明，亦即是說只作出邏輯的說明。進至《實踐理性底批判》，康德亦只是從作為原因的道德之觀念推演出意志之決定，而並不由之來推演出感通性。實在說來，兩批判皆未點出立法機能之為立法機能的特性。此並非康德的疏忽，亦並非康德於寫作前兩批判時構思未周全，恰當地說，此乃由康德批判哲學之為通貫的有機整體之特性而決定。❸❾康德將認知機能分為知性、理性與判斷力❹⓿，前兩者乃立普遍法則的能力，而後者通貫前兩者。判斷力以普遍法則為指導以「使其自己能夠去把自然中之特殊者歸屬於普遍者之下」。❹❶在普遍法則如何關聯到特殊者的討論中，

亦即是說，必須進至《判斷力之批判》，康德方論及立法機能之特性——共感的能力。吾人若讀《判斷力之批判》，則不難注意到康德提出「共感的機能」，這機能實可與儒家所言本心之感通明覺相通。康德說：

> 但是〔在這裡〕，所謂「共感」卻須被理解為一通於眾的「公感」之理念，即是說，須被理解為一「評判能力」之理念，此一評判能力乃是那「在其反省活動中（先驗地）清點每一他人之表象模式」者。這評判能力在其反省活動中先驗地清點（點算）每一他人之表象模式，其目的，如其所是，是在以「集體的人類理性」來衡量此評判能力所作之判斷，經由這樣的衡量，便可避免那「發自個人主觀的(而卻易被誤認為客觀的)條件」的虛幻，這一種由「誤認主觀的條件為客觀的條件」而發生的虛幻必會發散出一種偏見的影響——影響於評判能力所作之判斷。這種「以集體的人類理性來衡量評判能力所作之判斷」之工作是因著「以他人之可能判斷而不必太著重於他人之現實判斷來衡量此評判能力所作之判斷」而完成，並因著「把我們自己放在每一他人之地位」而完成。❷

又云：

> 「人情人性之人文性能」(humanity)一方面指表「普遍的同情之感」(人間的互相感應之共鳴共感)，而另一方面，則又指表那「能夠普遍地傳通人之最內部的自我（人之最親切的內心者）」之能力。這一種「同情之感」(共感)以及這一種「傳通人之最內部的自我(人之最親切的內心者)之能力」乃是這樣的一些人之為人之特性，即：它們兩者

結合起來足以構成人類之適宜的社會精神（適宜於群居的
社交心），以與那狹窄的低等動物之生活區以別。㊸

　　吾人見到，至最後一個批判，康德最終徹底解開人類作為
「普遍立法者」之謎。人類因著「共感的機能」而為真、善、美
三大領域立普遍法則，亦即是說，真的世界、善的世界、美的
世界同是作為立法者之「人類」的創造物。當然，康德所言「人
類」非生物學意義的人類，從物種上說，人的個體是受制約的，
即使具有健全知性的人，也不過是偶然的有限的存在。康德強烈
地提醒人們注意受感性制約的人的有限性，其態度強烈的程度以
致引起普遍的誤會，以為康德卑屈了人的身分。究其實，康德限
制現象身份的人，為的是要恰如其分地高揚每一個人自己人格性
中的人之為人之人義。康德宣稱：自然對我們的人格性並無統
治權。心靈能使人自己感到「其自己的存有之本分」之固有的崇
高。㊹人格性的人（即自由的人）以其為有限存有，卻因著其自立
的理性法則而獲得創造者的身分，並因著這理性的法則之作為非
感性之標準所函之無限性而成為無限。康德說：

　　　雖見我們自己之限制，然而我們同時也在我們的理性之能
　　力中發見另一非感性的標準，此一非感性之標準它在其作
　　為單位中有那「無限性」之自身，而且在與之相比較中，
　　自然中每一東西皆顯得渺小，因而它在我們的心靈中有一
　　「優越於自然甚至廣大無邊的自然」之優越性。現在，即
　　在此同一路數中，自然威力之不可抗拒性迫使我們（作為
　　自然存有的我們）去承認我們的身體之無能，但是同時它
　　也揭露了一種能力，即「評估我們自己為獨立不依於自然」
　　這種評估之能力，因而它也發見一「優越於自然」之優越

性，這一優越性乃是完全另一種自我保存之基礎……

只要當這能力有其根於我們的本性中，儘管這能力之發展與其表現仍然留待我們去努力，而且當作一種義不容辭之責成而留給我們去充盡之。這裡實有一種真理，不管一個人向外申展其反省申展到很遠時，所可意識到的其現實存在的無能是如何。❹

依循理性法則創造自己，同時參予創造人類的真、善、美世界，這是康德哲學喚醒每一個人去承擔的義務。若果一個人滿意於思想之指引與行為的他律，他難免要埋怨理性法則太空洞，康德實在是奪去了對他說來失之則無法行動之拐杖。又或許，一個人沉醉於思辨的結構與想像，他難免責怪康德沒有提供一個全知的觀點。唯決意依靠自己的理性去創造生命的意義者，方能於康德哲學中獲得真知與喜悅。

通貫了解康德批判哲學之整體，吾人不難領悟康德與儒家同顯一道德的形而上學之根源智慧，識得此根源智慧，儒家直下由中華民族彰顯道德理性之文化精神而發遑，吾人不因其無一概念分解之架構而覺少欠；康德對治西方重客觀分解所成系統而有步步分析批判，吾人亦不因其體系博大艱深而嫌其煩。二者相得益彰，同耀人類永恒智慧之光。

【註釋】

❶雅斯培稱康德「是一位創造性的思想家，他永遠多於他所創造的東西。他未曾被併入某種更大的東西之中，也未曾被超越或化約成諸可能性中的一種可能性。康德的工作在哲學史中是無以倫比的；自柏拉圖以後，無人曾在西方思想史中創造如此偉大的革命」。(卡爾·雅斯培著，賴顯邦譯《康

德》，台北久大文化印行，1992年1月第4版，318頁）

❷康德著，龐景仁譯《任何一種能夠作爲科學出現的未來形而上學》，北京商務印書館，1978年8月第1版，96頁。

❸李秋零編譯《康德書信百封》，上海人民出版社，1992年1月第1版，27頁。

❹康德著，牟宗三譯《純粹理性之批判》上冊，38-39頁。

❺同註四。

❻同註二，29頁。

❼同註四，32頁。

❽同註四，37-38頁。

❾同註三，32頁。

❿同註三，27頁。

⓫同註三，130頁。

⓬同註三，33-34頁。

⓭同註三，20頁。

⓮同註四，31頁。

⓯參看《純粹理性批判》上冊，51頁。

⓰同註二，143頁。

⓱同註三，51頁。

⓲同註三，76頁。

⓳阿爾森・古留加著，賈澤林，侯鴻勛，王炳文譯《康德傳》北京商務印書館1981年7月第1版，50頁。

⓴同註十九，70頁。

㉑同註四，30頁。

㉒同註二，130頁。

㉓同註二，136頁。

㉔同註二十三。

㉕同註二，142-143頁。

㉖同註四，58頁。

㉗同註二，96頁。

㉘康德《實踐理性底批判》，牟宗三譯註《康德的道德哲學》，臺灣學生書局，民國71年印行，138頁。

㉙同註二十八，128頁。

㉚同註二十八，128頁。

㉛康德著，牟宗三譯《判斷力之批判》下冊，臺灣學生書局，民國82年1月初版，224頁。

㉜同註三十一。

㉝同註三十一，172頁。

㉞同註三十一，160頁。

㉟康德著，牟宗三譯《判斷力之批判》上冊，臺灣學生書局，民國81年10月初版，154頁。

㊱同註三十一，237頁。

㊲「證實」與「證明」二詞之區分請參看《判斷力之批判》下冊，211-212頁。

㊳康德在《實踐理性底批判》提出：當我們爲我們自己追溯意志之格言時，我們能直接意識到道德法則(參看牟宗三譯註《康德的道德哲學》，第165頁)。單從這個地方看，確實令人想到康德的道德法則從推理得出。此外，《實踐理性底批判》之「純粹實踐理性之原則」章之定理三、定理四之「註說」提及：基於不同性好的決定原則所以不適合普遍立法，理由是如此一來必引致邏輯的矛盾。該處令粗心的讀者誤以爲普遍立法由矛盾律決定。

㊴實在說來，對康德的諸種誤解，多由於康德批判哲學之爲通貫的有機整體

這一特性。康德早預見到：學者們恐怕認為不值得費力去觀看他的哲學系統的一切部分之相互關聯，因為對一個通貫的有機整體的系統的熟習是那麼艱苦(參看《實踐理性底批判》序言)。事實上，若一個人未花費長時間去熟習康德三大批判的每一步驟，恐怕不能就康德哲學的任一個主要概念或論題發表意見而能防止偏差與誤解。

❹同註三十五，156頁。

❹同註三十五，124頁。

❹同註三十五，314頁。

❹同註三十五，426頁。

❹同註三十五，257頁。

❹同註三十五，256–258頁。

本書初稿撰寫過程中獲台灣
教育部博士後研究津貼資助

參 考 書 籍

一、中文著作

王欽賢：《康德良知論在西方人文主義傳統中之意義》。臺北：
　　　《鵝湖》月刊，1995年9月號。

史克魯坦(Roger Scruton)著、蔡英文譯：《康德》，臺北聯經出
　　　版公司，民國73年。

艾耶爾(A.J.Ayer)著、李步樓等譯：《二十世紀哲學》。上海譯
　　　文出版社，1987年。

包姆嘉特納著、李明輝譯：《康德[純粹理性批判]導讀》，臺北：
　　　聯經出版公司，民國77年。

西季威克(Henry Sidgnick)著、廖申白譯：《倫理學方法》。北
　　　京中國社會科學出版社，1993年。

牟宗三：《道德的理想主義》。臺北：東海大學，民國48年。

　　　《歷史哲學》。香港：人生出版社，1962年。

　　　《中國哲學之特質》。香港：人生出版社，1960年。

　　　《心體與性體》（共三冊）。臺北：正中書局，民國57-
　　　58年。

　　　《智的直覺與中國哲學》。臺北：商務印書館，民國63
　　　年。

　　　《現象與物自身》。臺北：臺灣學生書局，民國64年。

《從陸象山到劉蕺山》。臺北：臺灣學生書局，民國68年。

《中國哲學十九講》。臺北：臺灣學生書局，民國72年。

《圓善論》。臺北：臺灣學生書局，民國74年。

《周易的自然哲學與道德函義》。臺北：文津出版社，民國77年。

《宋明理學講演錄》（盧雪崑記錄）：臺灣《鵝湖》月刊，民國77年6-9月號。

《五十自述》。臺北：鵝湖出版社，民國78年。

《中西哲學之會通十四講》。臺北：臺灣學生書局，民國79年。

《四因說演講錄》（盧雪崑記錄）。臺灣《鵝湖》月刊，民國83年9月起連載。

李明輝：《儒家與康德》。臺北：聯經出版公司，民國79年。

《康德倫理學與孟子道德思考之重建》。臺北：中央研究院中國文哲研究所，民國83年。

《當代儒學之自我轉化》。臺北：中央研究院國文哲研究所，民國83年。

《〈康德倫理學發展中的道德情感問題〉導論》。臺北：《中國文哲研究通訊》，民國83年3月號。

李瑞全：《當代新儒學之哲學開拓》。臺北：文津出版社，民國82年。

克里普克(Saul Kripke)著、梅文譯：《命名與必然性》。上海譯文出版社，1988年。

克隆納(Richard Jacob Kroner)著、關子尹譯：《論康德與黑格

爾》，臺北：聯經出版公司，民國74年。

沈有鼎：《沈有鼎文集》。北京：人民出版社，1992年。

苗力田主編：《古希臘哲學》。北京：中國人民大學出版社，1990
年。

周貴蓮：《認識自然科學之謎的哲學家──康德認識論研究》，
北京：中共中央黨校出版社，1994年。

居友(M.Guyau)著、余涌譯：《無義務無制裁的道德概論》。北
京：中國社會科學出版社，1994年。

阿佩爾(Karl-Otto Apel)著、孫周興等譯：《哲學的改造》，上
海譯文出版社，1994年。

阿金(Henry D Aiken)編著、王國良等譯：《思想體系的時代──
十九世紀哲學家》。北京：光明日報出版社，1989年。

〔蘇〕阿爾森·古留加著、賈澤林等譯：《康德傳》。北京商務
印書館，1981年。

唐君毅：《中國哲學原論》(導論篇)。香港：新亞研究所，1966
年。

《中國哲學原論》(原性篇)。香港：新亞研究所，1968
年。

《中國哲學原論》(原道篇)。香港：新亞研究所，1976
年。

《道德自我之建立》。臺灣學生書局，民國74年。

《文化意識與道德理性》。臺灣學生書局，民國75年。

徐復觀：《中國人性論史》(先秦篇)。臺北：商務印書館，1969
年。

徐友漁：《「哥白尼式」的革命》。上海：三聯書店，1994年。

梯利(Frank Thilly)、陳正謨譯：《西洋哲學史》。臺灣商務印書館，民國27年。

梁漱溟：《人心與人生》。上海：學林出版社，1984年。

麥金太爾(Alasdair Mac-Intyre)著、龔群等譯：《德性之後》。北京：中國社會科學出版社，1995年。

康德(Kant)著、牟宗三譯：

　　《康德的道德學》。臺灣學生書局，民國71年。

　　《純粹理性之批判》(全二冊)。臺灣學生書局，民國72年。

　　《判斷力之批判》(全二冊)。臺灣學生書局，民國81年。

康德著、藍公武譯：《純粹理性批判》，北京商務印書館，1960年。

康德著、李明輝譯：《道德底形上學之基礎》。聯經出版公司，民國79年。

康德著、李秋零編譯：《康德書信百封》。上海人民出版社，1992年。

康德著、沈叔平譯：《法的形而上學原理——權利的科學》。北京商務印書館，1991年。

康德著、何兆武譯：《歷史理性批判文集》。北京商務印書館，1991年。

陳　康：《論希臘哲學》。北京：商務印書館，1990年。

陳嘉明：《建構與範導——康德哲學的方法論》。北京：社會科學文獻出版社，1992年。

陳曉林：《學術巨人與理性困境——韋伯、巴柏、哈伯瑪斯》。

臺北：時報出版公司。

張志揚、陳家琪著：《形而上學的巴比倫塔——論語言的空間與
　　自我的限度》。湖北：華中理工大學出版社，1994年。

張岱年：《中國哲史方法論發凡》。北京：中華書局，1983年。

張岱年主編：《中華的智慧・中國古代哲學思想精粹》。上海人
　　民出版社，1989年。

彭　越：《實用主義思潮的演變——從皮爾士到蒯因》。福建：
　　廈門大學出版社，1992年。

萬俊人：《薩特倫理思想研究》。北京大學出版社，1988年。

黑格爾著、賀麟等譯：《哲學史講演錄》(1-4卷)。北京商務印書
　　館，1959、1960、1969、1978年。

黑格爾著、賀麟譯：《小邏輯》。北京商務印書館，1981年。

舒　光：《維根斯坦哲學》。學術出版社。

復旦大學歷史系等編：《儒家思想與未來社會》。上海人民出版
　　社，1991年。

費希特(J.G.Fichte)著、王玖興譯：《全部知識學的基礎》，北
　　京商務印書館，1995年。

楊祖漢：《儒家的心學傳統》。臺北：文津出版社，1992年。

雅斯培(Karl Jaspers)著、賴顯邦譯：《康德》。臺北：久大文
　　化公司，民國81年。

雅斯培著、柯錦華等譯：《智慧之路》。北京：中國國際廣播出
　　版社，1988年。

蒙培元主編：《中國傳統哲學思維方式》。浙江人民出版社，1993
　　年。

愛因・蘭德(Ayn-Rand)著、秦裕譯：《新個體主義倫理觀——愛

因·蘭德文選》。上海三聯書店，1993年。

熊十力：《讀經示要》。臺北：廣文書局，民國49年。

《明心篇》。臺灣學生書局，民國68年。

《新唯識論》。北京：中華書局，1985年。

摩爾(G.E.Moore)著、蔡坤鴻譯：《倫理學原理》，臺北：聯經出版公司，民國67年。

劉學智：《中國哲學的歷程》。陝西人民出版社，1993年。

鄭　涌：《批判哲學與解釋哲學》。北京：中國社會科學出版社，1993年。

鄭　君：《康德學述》。臺北：先知出版社，民國63年。

盧雪崑：《儒家的心性學與道德形上學》。臺北：文津出版社，民國80年。

戴文麟主編：《現代西方本體論研究》，浙江人民出版社，1993年。

酈芷人：《康德倫理學原理》。臺北：文津出版社，民國81年。

謝林(Schelling)著、梁志學等譯：《先驗唯心論體系》。北京商務印書館，1981年。

羅爾斯(John Rawls)著、何懷宏等譯：《正義論》。北京：中國社會科學出版社，1988年。

二、西文著作

Immanuel Kant: "Schriften Zur Ethik and Religions Philosophie"(Insel-Verlag Zweigstelle Wiesbaden 1956, Enβlin-Druck Reutlingen Printed in Germany)

"Kritik der Urteilskraft" (Kants Gesammelte Schriften [Akademieausgabe], Bd.5.

"Kritik der reinen Vernunft"(Hg.Raymund Schmidt, Hamburg: Felix Meiner 1976)

"Fundamental Principles of the Metaphysic of Morals"(Translated by Thomas K. Abbott, Reprinted, 1955)

"The Moral Law — kant's Groundwork of The Metaphysic of Morals" (Translated and analysed by H. J.Paton, First published 1948)

"Critique of Practical Reason"(Translated by Lewis White Beck, Third Edition, 1993)

"Religion within the Limits of Reason Alone" (Translated by M. Greene and H. Hudson, First harper Torchbook edition published 1960)

"Perpetual Peace and Other Essays"(Translated by Ted Humphrey, Hackett Publishing Company, Inc. 1983)

H. E. Allison: "Kant's theory of freedom"(Cambridge University Press 1990)

A. J. Ayer: "Philosophy in the Twentieth Century"(Random House, Inc., New York, 1984)

L. W. Beck: "A Comentary on Kant's Critique of Practical Reason"(The University of Chicago Press, 1960)

Hans-Georg Gadamer: "Truth and Method" (Translated by R.

M. Rilke, London, 1975)

Karl Jaspers:　"Way to Wisdom ── An Introduction to Phi-
　　　　losophy" (New Haven and London　Yale　University
　　　　Press, 1954)

Saul Kripke: "Naming and Necessity"(Basil Blackwell Pub-
　　　　lisher England 1980)

Alasdair Mac-Intyre: "After Virtue" (University of Notre
　　　　Dame Press, 1984)

John Rawls:　"A Theory of Justice" (The Belknap Press of
　　　　Harvard University Press, 1971)

Henry Sidgnick: "The Methods of Ethics" (Macmillan, Co.,
　　　　Ltd. London, 1922)